《신의 열애》는 우리를 향한 하나님의 사랑에 관한 책입니다. 천지창조부터 출애굽, 우리 구주의 이 세상에 오심과 고난 받으심, 그리고 죽으심과 부활하심까지 성경의 중요한 사건들을 하나님의 영원하고 변함없는 사랑이라는 관점에서 조명하고 있습니다. 하나님의 사랑을 묘사함에 있어서 저자는 성경과 그분의 사랑에 근거한 자신의 풍부한 상상력을 사용하고 있으며 마치 그분의 마음속에 들어가 보기라도 한 것처럼 생생하고 실감나게 그분의 사랑을 그려 보여 주고 있습니다. 그 사랑을 깨달을 때 우리 성도와 교회는 자신의 참된 가치와 존귀함을 알게 되며 그 사랑 안에서 그분을 진실하게 사랑하게 되어 참된 사귐이 일어납니다.

우리를 사랑하신 하나님이 우리에게 원하시는 것은 종교적인 예식이나 규칙적인 종교성이 아니라, 우리의 모든 것으로 그분을 사랑하는 것입니다.

오늘날 우리의 신앙은 지나치게 책임과 성도의 바른 자세에 초점을 맞추고 있어, 많은 성도들이 마음으로는 원하여도 그렇게 살지 못하는 자신의 모습에 자주 낙심합니다. 이런 우리에게 이 책이 가치 있는 까닭은 우리의 시선을 옮겨 우리 자신이 아니라 태초부터 우리를 향하여 품으신 그분의 영원하고 아름다운 사랑을 먼저 보게 하기 때문입니다. 그분의 넘치는 사랑을 먼저 깨달을 때에야 그분을 향하여 바르고 참된 반응을 할 수 있습니다. 그분의 참 사랑을 우리가 누리면 누릴수록 그분이 원하시는 참된 반응, 곧 무슨 일을 하든지 사랑 안에서 그분께 반응하는 것이 가능합니다. 이 책이 널리 읽혀서 이 은혜가 모든 이에게 풍성하기를 기대합니다.

화종부 목사(남서울교회 담임)

신의 열애

The Divine Romance

(주)죠이북스는 그리스도를 대신한 사신으로
문서를 통한 지상 명령 성취와 하나님 나라 확장을 위해 노력합니다.

The Divine Romance
Copyright ⓒ 1993 by Gene Edwards
Published by Tyndale House Publishers, Inc.
Wheaton, Illinois, U.S.A.

All rights reserved.

This Korean translation edition ⓒ 2016 by JOY BOOKS Co., Ltd., Seoul,
Republic of Korea.

이 책의 저작권은 Tyndale House Publishers, Inc.와 독점 계약한 (주)죠이북스에 있습니다. 신 저작권법에 의하여 한국 내에서 보호받는 저작물이므로 무단 전재와 무단 복제를 금합니다.

신의 열애
The Divine Romance

진 에드워드 지음
최요한 옮김

죠이북스

헌정

마음 깊이 간직한
아빠의 사랑을 전하며,
큰 딸 린다에게

"상상력이 지닌 부활의 힘은
언제나 과학보다 한 수 위였다."

잉그리드 벵기스

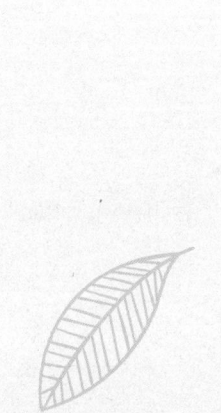

오, 성령이시여.
어떤 성전보다도
바르고 순결한 마음을
더욱 좋아하시는 그대여.

전지한 그대여,
나를 가르치소서
그대는 태초부터 계셨으니,

비둘기같이
앉으신 분.
힘센 날개 펼쳐
고요히 대심연을 품고
이를 잉태케 하셨도다.

오, 성령이여
내 속의 어둠을
밝히소서.

《실낙원》을 쓰려고 펜을 든 존 밀턴의 기도

우리가 다시 만나기를 얼마나 애타게 기다려왔는지요!
이번에 보게 될 것은 사랑 이야기입니다. 세상의 모든 사랑 이야기 중에서도, 가장 뛰어난 이야기입니다. 확신하건대, 이 이야기의 마지막에서 당신도 나와 같은 생각을 하게 될 것입니다.
우리 자리는 발코니의 특별석입니다. 아마도, 이제 곧 펼쳐지는 대서사시를 가장 잘 관람할 수 있는 최고의 자리일 것입니다.
극장 직원이 문을 닫으려 하네요. 자, 서두르십시오. 안 보아도 그만인 장면은 단 한 장면도 없으니까요.

프롤로그

그분은 혼자였다.

　시간이 째깍거리는 소리가 들리기도 전이었다. 시종(始終)을 모른 채 한없이 흘러가는 영원도 꿈틀대기 전이었다. 그분과 함께 공간을 채우는 것은 창조된 것이든, 창조되지 않은 것이든, 아무것도 없었다. 그분은 영원이 시작되기 전부터 계셨다. 온통…… 하나님뿐이었다. 다른 것이 비집고 들어갈 만한 공간조차 없었다. 그분은 창조되지 않은 자였다. 그분은 '전부'였다.
　까마득한 옛날, 시간조차 존재하지 않았던 이때에, 오직

한 가지 형태의 생명만이 있었다. ……최고의 생명.

그분은 사랑이었다.

열렬하고, 감정이 풍부하고, 표현되는…… 사랑.
유일한 존재자인 하나님에게 그것은 모순이었다. 홀로 있으나 또한 사랑이라는 것. 그분에게는 사랑할 상대방이 없었다. 사랑은 지극히 광활하고 지독히 강렬했지만, '그분이 아닌 다른 존재'는 없었다.
갑자기 그분의 심장이 고동쳤다. 그분의 내면에 새로 발견한 영광의 광채가 계시의 섬광처럼 번뜩였다. 하나님의 회의실에서 그분의 외침이 새어 나왔다.

둘이 될 수 있다!

"나…… 살아 있는 하나님이…… 상대방을 가질 것이다!"
환희에 찬 그분은 자신의 전 존재를 바쳐 이 한 가지 과업에 몰두했다. 신부를 갖는 일……. 순간, 무한한 고독이 잠깐 물러나는 듯했다.
그런데 그분은 자신의 위대한 설계에 착수하기 직전, 하나님 안에서 아주 신비한 일이 일어났다. 존재의 중심 깊은 곳에서, 아무도 볼 수 없고 아무도 상상할 수 없는 사건이 벌어졌다.

하나님의 존재가 수십, 수백억 개의 조각으로 빛을 뿜어내며 터져 나왔다. 빛 조각들은 제각기 찬란한 불꽃으로 강하게 타올랐다. 마치 무언가 특별하고 먼 운명을 위해 제가 선택되었노라고—심지어는 구별되었노라고—외치려는 듯이. 미래의 특별한 운명을 스스로 불에 달구듯, 미래의 운명을 거머쥔 살아 계신 하나님은 고귀한 꿈을 현실로 바꿔 놓았다. 그분은 영원한 고독에 종지부를 찍었다.

"빛이 생겨라."

이렇게 말함으로써, 그분은 '전부'이길 포기하였다. '전부'이신 하나님이 자신이 아닌 다른 것을 위해 자리를 내주었다. 한순간, 하나님과 거대한 공허의 혼돈이 함께 존재했다.

그리고 다음 순간, 하나님의 역사에 전무후무한 아주 급격한 변화가 있었다. "빛이 생겨라"라는 말씀이 혼돈을 가르며 울려 퍼지자, 눈부신 섬광이 공허한 허공을 가득 채웠다. 갑자기, 창조되지 않으신 하나님은 혼자가 아니게 되었다. 거기에는 이제 창조된 것이 있었다!

빛이 생겼다. 하나님의 상(像)이 이제 하나님과 공간을 나누어 쓰고 있었다.

그 다음으로 그분은 영들의 세계를 창조했다. 헤아려지지도, 헤아릴 수도 없는 이 세계는 하나님과 마찬가지로 모든 유한한 존재의 이해 바깥에 있었지만, 이 보이지 않는 영적인 영역은 그분의 안에 있었다. 그분이 천상의 공간이라고 이름붙인 이 세계는 하나님 안에 있었지만 그분은 기꺼이 몸을 낮춰 그 안에 들어갔다.

그분은 살아 있는 피조물을 만들었다! 그들의 이름은 사자(使者)였으며, 하나님이 자기 영광의 광채에 둘러싸여 있듯이 그들도 그 영이 뿜어내는 빛에 둘러싸여 있었다.

하나님의 사자들은 그분을 많이 닮았으나, 그들은 피조물이었다. 그들은 큰 능력이 있었지만 전능하지는 않았다. 그들은 이제 영영 사라지지 않는 불멸의 존재이지만 영원한 존재는 아니었다. (영원의 과거, 영원의 현재, 영원의 미래를 자유롭게 왕래할 수 있는 하나님과 달리 그들은 오직 앞으로, 영원의 미래로만 움직일 수 있었다.) 그들 역시 짝이 없었지만 대신 동료가 있었다. 그러나 이들은 하나님과 완전히 다른 면이 있었다. 그들은 남성도, 여성도 아닌 존재였다. 하나님은 남성이었으나 그들은 중성이었다. 그리고 그들은 사랑을 몰랐다. 그들은 영광스런 존재였지만 하나님처럼 사랑할 수 있는 능력은 없었다.

하나님은 피조물을 보고 기뻐했다. 마침내 고독의 사슬이 끊어졌다. 그러나 동류가 생긴 것은 그들일 뿐, 하나님의 동류는 없었다.

주님의 명령이 다시 한 번 공허의 심연을 가로지르자 혼돈의 허공 속에 무언가가 생겨났다. 눈에 보이는 세상이 새싹처럼 그분의 말씀에서 터져 나온 것이다.

그분이 다시 명령하자 이번에는 빙글빙글 도는 떠돌이별과 반짝이는 붙박이별들이 눈에 보이는 이 우주를 가득 메웠다.

그분이 손을 뻗으니 손가락 끝에서 물컹한 작은 덩어리 하나가 떨어졌다. "이 작은 알갱이 위에 내가 친히 땀을 흘려 일하리니, 이곳이 내 창조의 가장 궁극적인 목적을 이루는 장소가 될 것이다."

그분은 손을 놀려 이 공허한 덩어리에 균형을 잡았다. 그분이 땀을 흘려 일하자 상상을 초월하는 것들이 작고 둥근 이 땅을 뒤덮기 시작했다.

6일째가 되자 그 작은 행성은 경이로운 것으로 가득 찼다. 주님을 수행하는 천사들은 그분의 관중이 되어 주님이 자신들과 전혀 다른 생명체를 창조하는 모습을 지켜보았다—듣고, 날고, 뛰고, 심지어 포효할 수 있는, 눈에 보이는 생명체였다. 그러나 이 푸른 별에서 가장 충격적인 것은, 모든 것이

쌍을 이루고 있다는 점이었다.

 더군다나 놀라운 것은 이 쌍의 종류였다! 이 피조물들은 어떤 것도 중성이 아니었다. 그들은 수컷이었고—즉, 절반이 수컷이었다! 그리고 나머지 반은, 우주에서 가장 이해할 수 없는 신비였다! 그들은 중성이 아니었으며 남성도 아니었다. 그들은 뭔가 새롭고 뭐라 표현할 수 없는 존재였다! 그들은 암컷이었다! 수컷은 짝이 있었다. 그의 동류. 그의 짝.

 관중이 물을 끼얹은 듯 조용해졌다. 천사들은 이 불가사의한 개념을 도저히 이해할 수 없었다. 그저 시원(始原)의 순박함이 깃든 눈으로 그들의 하나님을 빤히 바라볼 뿐이었다. 도대체 무엇 때문에, 그분이 모든 생명체를 쌍으로 만든 것일까……. 모든 수컷에게 암컷이 있도록!

 그래서 그들은 지켜보았고, 그리고 감탄했으며, 결국에는 이 새로운 피조물들을 보며 이렇게 말하게 되었다.

우리처럼 그들도 살아 있고 움직이는구나.
우리처럼 그들도 그들의 동류가 있구나.
그러나 아, 우리와 달리
그들은 눈에 보이는 존재구나.
하나님과 달리, 천사와 달리,

각각 짝이 있구나.

그리고 그들은 깨달았다. 이제 모든 생명체가 동류든 짝이든, 자기와 닮은 누군가와 함께 있었다……. 단 '한 분'만 빼고. 하나님은 여전히, 혼자였다.

1부

1

 엿새간의 창조가 끝났다. 하나님도 피곤한 기색이었다. 그런 하나님이 마지막 창조의 기운을 다시 모으자 천사들은 적잖이 놀라는 눈치였다.
 "너희는 보이지 않는 세계의 최고 생명체이자 고귀한 피조물이니 앞으로 내가 할 일을 분명히 이해할 것이다."
 그분은 잠시 말을 멈추고 허리를 굽혀 흙을 한 움큼 쥐고 일어섰다. 그리고 한동안 가만히 흙을 바라보시고는 말씀하셨다.
 "이 붉은 흙으로 나는, 보이는 세계의 최고 생명체를 창조할 작정이다. 그리고 그로 하여금 내가 영계를 다스리듯 물질서를 다스리게 하겠다."

 말씀을 마친 여호와 하나님은 흙을 빚어 형체를 만들기 시작했다.

 천사들은 하나님의 모습을 보며 나직한 목소리로 속삭였다. "하나님과 같은 존재라면…… 남자를 만드실 건가 봐."

 주님의 집중하신 모습에, 천사들도 숨을 죽이고 열중했다. 그들은 이 형체의 얼굴에 그만의 독특한 유일성이 깊이 새겨지는 것을 지켜보았다.

 갑자기 창조주의 표정이 달라졌다. 무언가를 찾고 계셨다. 그분 자신의 존재 안에 있는 무언가를……. 그리고 그것을 천천히 끄집어내어 진흙 인형에 새기셨다.

 마지막 손질이 끝나자 그분은 한걸음 뒤로 물러났다. 하나님의 등에 가려 보이지 않던 마지막 피조물의 전신이 드러났다. 순간 모든 천사는 숨이 멎었다. 그리고 일제히 외쳤다.

 하나님의 형상이야! 눈에 보이는!

2

주 하나님은 다시 한 번 허리를 굽혀 당신의 손으로 직접 빚은 형상에게 조심스럽게 다가갔다. 잠깐이었지만 살아 계신 하나님의 얼굴과 생명 없는 진흙 위에 새겨진 얼굴이 거의 맞닿을 듯했다.

주 하나님께서 숨을 내쉬었다.

진흙 콧구멍이 바르르 떨리더니 크게 벌렁거렸다. 축축한 진흙은 튼튼한 살로 변하고, 몸이 움직이면서 부드럽게 숨을 쉬기 시작했다.

주님은 생각에 잠긴 듯 뒤로 몇 발짝 물러서셨다. 그분의 마지막 창조물이 고개를 돌려…… 자기를 둘러선 천상의 존재들을 쓰윽 훑어 보았다. 그러더니 너무나도 자연스러운 몸짓으로, 붉은 빛깔의 인간은 일어나 앉았다…… 몸을 돌려…… 자신을 조각한 창조주를 평온한 얼굴로 응시했다.

주님도 그 조각품에 가까이 다가가셨다. 또 한 번 그들의 두 얼굴이 거의 맞닿았다. 천사들이 나직하게 감탄했다.

"어쩜, 세상에…… 저 얼굴을 봐. 거의…… 형제 같잖아."

시적 감수성이 묻어나는 주님의 손끝에서 무수한 피조물이 만들어졌지만, "주 하나님이 이것을 창조하셨을 때 당신 자신을 생각하셨다"라고 말할 수 있는 대상은 하나밖에 없었다.

천사들이 짐작한 대로 이 마지막 피조물은 남자였다. 성(性)이 있으니 천사와는 다른 존재였다. 눈에 보이니 물질계의 일부였다. 그러나 눈에 보이는 세계에 존재하는 어떤 생명체보다도 그 생명의 형태가 고결한 존재였다.

놀란 입을 다물지 못한 채 그를 바라보고 서 있는 천사들에게, 진리는 자명했다. 주 하나님이 하늘을 지배하는 것처럼…… 하나님의 형상대로 지음 받은 이 피조물들은 땅을 지배할 것이다.

그리고 또 한 가지, 이 피조물 곧 눈에 보이는 동물과도 눈에 보이지 않는 천사들과도 다른, 그리고 하나님과 너무나 닮은 이 피조물은, 사랑을 할 수 있었다.

그리고 하나님처럼, 사람이라고 부르는 이 존재는 동류가 없었다. 사람은 단 둘뿐인 '사랑을 아는 살아 있는 존재' 중 하나인 하나님과 같은 처지였다. 하지만 그들은 사랑을 나눌 상대방이 없었다. 모든 피조물 가운데 사람만이 짝이 없는 유일한 남성이었다.

그야말로, 사람은 하나님의 형상이었다.

3

7일째 되는 날은 모든 창조 세계가 안식하는 날이었다. 안식일의 가장 고귀한 활동은 경이로운 창조 세계를 만끽하는 것이었다.

여덟째 날이 밝았다. 두 번째로 맞는 한 주의 첫째 날이 시작되었다. 하나님은 이날 자신의 형상대로 지음 받은 사람과 시간을 보낼 계획이었다. 분명히 그들은 누구보다 죽이 잘 맞을 것이다.

그들은 함께 사람의 땅 이곳저곳을 다니며 에메랄드 빛 푸른 지구의 초원과 계곡과 언덕을 거닐었다. 그들은 하나가 되어 지구의 아름다움에 취했고 바람이 부르는 노래에 푹 빠졌다.

그리고 그들은 번갈아 가며 감탄했다. "아, 좋구나."

"예. 그리고 저기도……."

"그리고 이것도, 역시 좋구나."

그러나 시간이 흐를수록 사람의 행동이 눈에 띌 정도로 이상해졌다. 그는 무엇을 발견한 듯 어딘가를 뚫어지게 쳐다보다가 갑자기 몸을 틀어 그곳으로 달려갔다. 그러나 그것은 사자, 표범, 혹은 독수리일 뿐이었고, 고개를 떨어뜨리며 천천히 뒤돌아서는 그는 스랍조차 가슴이 미어질 말을 중얼거렸다. "그렇구나. 그들은 언제나 짝과 함께 있어."

사람의 깊은 불안은 점점 더 강렬해졌다. 마침내 주님이 말을 건네셨다.

"사람아, 내가 창조한 멋진 세계와 네가 다스릴 땅을 네게 보여 주었다. 네가 본 이 넓은 세계에서 마음에 들지 않는 것이 하나라도 있느냐?"

천천히, 아주 신중하게, 그는 눈앞에 펼쳐진 광활하고 푸르른 세계를 바라보았다. 달리 다른 대답이 있을 수 없었다. 모두 선하고 좋았다.

아니, 모두는 아니었다.

사람은 마음 깊숙한 곳에서 무엇인가 빠진 듯한, 허전함을 느꼈다. 무엇인지 알 수 없지만…… 뭔가가 있었고 그는 그것을 찾고자 마음을 짜냈다. 뼛속까지 오싹하게 만드는 힘겨운 신음이 속에서부터 올라왔다.

그는 다시 창조주를 향해 몸을 돌려 하나님의 불꽃같은 눈동자를 물끄러미 바라봤다. 누구도 말이 없었다. 다만 서로의 마음을 이해하는 애틋한 눈길만이 오고 갔다. 고독, 혼자라는 슬픔, 살아 움직이는 모든 것 가운데 그들만이 아는 감정이었다.

결국 침묵을 깬 쪽은 주님이었다.

"내가 창조한 모든 것이 정말 좋은지, 확실히 그렇다고 말할 수 있는지 한 번 알아보자."

사람은 본능의 어떤 영적인 직감으로, 자신이 이제 곧 지구 상의 모든 생명체를 불러내어 이름을 지어 줄 것을 알았다.

동물들이 그의 앞으로 나왔다. 한 쌍씩, 각각 제 짝과 함께 나왔다. 수사자는 암사자와 함께, 의기양양하게 걸어왔다. 건강한 갈기를 날리는 종마는 암말과 함께, 황소는 암소와 함께, 언제나 두 마리가 짝을 지어 다가왔다.

"어떻게 된 거지?" 그의 눈동자가 흥분한 듯 커졌다. 그는 소리쳤다. "나는 사람이에요! 인간, 이 땅을 다스리는 통치자! 그런데 혼자예요. 둘이 아니라 하나뿐이라고요. 내 짝은 어디에 있죠?"

마지막 쌍이 사람의 앞을 지나갔다. 그는 미친 듯이 사방을 둘러보았다. 그러더니 계곡과 언덕으로 내달렸다. 거대한 산에 올라 낭떠러지까지 달려가서는 지평선을 꼼꼼히 탐색하기 시작했다.

"거기에 있어요?" 그는 목청껏 불렀다. "거기에 있어요?"

지구 전체를 샅샅이 뒤지고서 하늘의 달과 별까지 살핀 후에, 그는 침통한 표정으로 천천히, 계곡들 사이에서 그를 기다리고 계시는 이해심 많은 하나님께로 돌아왔다. 사람은 또다시, 이해할 수 없다는 눈빛으로 하나님의 눈동자 안에 타오르는 불꽃을 응시했다.

"주님께서 만드신 것 중에 좋지 않은 것이 무엇입니까?" 아담이 물었다.

"네가 알잖느냐. 사람아, 네가 혼자인 것이 좋지 못하구나."

오랫동안, 젊은 인간과 늙지 않은 하나님은 영혼의 교감을 나누었다. 인간의 말로도, 신의 언어로도 결코 표현할 수 없는 교감을.

"너는 나의 형상이란다. 남성이라는 것. 혼자라는 것. 그런데 그것이 네게 좋지 못하구나." 주님께서 잠잠히 말씀하셨다.

사람은 한참동안 하나님의 얼굴을 살펴보고는 이렇게 대답했다.

"저도 주님처럼, 혼자인 거군요!"

4.

 어디로 가는지도, 시간이 얼마나 흘렀는지도 모른 채 남자는 걷기 시작했다. 목적지도, 방향도 없었다. 참을 수 없는 압박감이 심장과 함께 고동쳤다. 그는 참혹한 사실 앞에 소름이 돋았다. "내가 모든 세계에서 유일하게 살아 있는 피조물이라 해도 이보다 외롭진 않을 텐데." 시간이 얼마나 흘렀을까. 결국 지치고 갈 곳 없는 외로운 영혼은 자신의 창조주께로 발길을 돌렸다.

 "주님께서 진실하시듯 주님의 말씀도 사실이었습니다." 이제는 좀 더 하나님을 이해하게 된 그가 하나님께 다가서며 말했다. "하지만 하나님께서, 혹은 제가, 어떤 조치를 취하거나 어떻게 해서든……나의 짝을 만들어 낼 수는 없는 건가요? 아주 잠깐이라도, 볼 수 있고 만질 수 있는, 무언가…… 누군가…… 나와 같은 존재를요. 한 시간만이라도, 나의 암사자를 가질 수 없단 말인가요?"

주님은 마치 위대하고 어려운 과업을 시작하려는 사람처럼 깊은 한숨을 토했다. "사람아, 나의 존재 깊숙한 곳에는 폐할 수 없는 원칙이 하나 있단다."

"나는 하나다. 둘이 아니지. 나의 생명은 나누어질 수 없다. 그리고 사람아, 너는 내 본질의 반영이다. 그래서 너도 하나다. 내가 혼자이듯 너도 혼자다. 내가 나뉠 수 없듯이 너도 나뉠 수 없다. 넌 하나 이상이 될 수 없단다. 그걸 바꾸는 일은 나의 형상을 파괴하는 일이다. 너는 나의 형상이다."

이 어찌할 수 없는 불변의 사실 앞에, 완벽한 우주 한복판에 선 완벽한 사람은, 흐느끼기 시작했다. 슬픔의 눈물, 창조 세계는 처음으로 격렬한 슬픔의 고통을 목격한 것이다.

그가 고개를 들고 울먹이며 물었다. "하나님은 저와 아주 많이 닮으셨군요. 그렇지 않나요?"

"아니, 아니란다." 하나님은 부드럽게 대답하셨다. "사람아, 네가 나와 닮은 거란다."

그 말씀의 충만한 의미가 사람의 영혼에 스며들자, 그는 털썩 무릎을 꿇고 주체할 수 없는 울음에 몸을 맡길 수밖에 없었다.

마침내 어느 정도 진정을 되찾은 남자는 눈물과 고통으로 뒤범벅이 된 얼굴로 창조주를 바라보았다. "그렇다면 방법이 없군요. 주님께서 바뀌지 않듯이 저도 바뀌지 않는 거군요." 그의 입에서 냉혹한 결론의 말이 흘러나왔다.

고독 속에서 살아온 삶과 홍수처럼 물밀듯이 쏟아져 나오는 사랑으로 하나님은 주저하는 목소리로 신중히 고른 단어들을 내뱉었다.

어쩌면, 나의 형상아,
어쩌면
방법이
있을지도 모르겠다.
유일한, 단 한 가지 방법.

창조주는 대지에 손을 뻗어 씨앗 하나를 취하셨다. 주님은 손에 든 씨앗을 아무 말 없이 슬픈 얼굴로 하염없이 바라보았고, 남자는 그런 주님의 모습을 오래도록 쳐다보았다.

주 하나님은 천천히 손을 내밀어 사람에게 씨앗을 보여

주었다.

"나의 본성 깊숙이 묻어 둔 또 다른 원칙이 있다. 이 원칙은 전 우주의 모든 조직과 혈관에도, 심지어 사람인 네 안에도 있는 것이다. 그건 내 본성의 법칙이지만 나의 창조에는 알려지지 않았다. 하지만 이 원칙은, 이 작은 대지의 씨앗 속에도 살아 있다. 우리처럼 이 단순한 씨앗도 하나다. 그리고 우리처럼 영원히…… 하나로 남아야 한다."

"영원히……? 나의 주 나의 하나님…… 홀로…… 영원히 말입니까?"

"그래, 사람아…… 영원히……. 단……"

"'단'이라뇨?" 지푸라기 같은 희망의 단서에 남자의 목소리가 높아졌다. "말씀해 주세요! 단, 무엇입니까?"

"단……," 주님은 뜸을 들이셨다.

"제발, 절 불쌍히 여겨서라도 말씀해 주세요. 단, 무엇입니까?"

조용하고 차분한 음성이 들려왔다. "단, 씨앗이 땅에 떨어져 그 존재가 없어지지 않는다면." 그 말과 함께 주님은 대지에 씨앗을 떨어뜨리셨다.

남자는 씨앗이 떨어진 곳으로 달려갔다. "하지만 저는 땅 속으로 들어가 사라져 버릴 수 없습니다." 그는 잠시 말을 멈추고 목소리를 낮춰 다시 말했다. "그것은…… 글쎄요…… 불가능하지 않습니까? 가능합니까?"

주님은 몸을 돌려 시선을 멀리 두고 나직이 말씀하셨다. "어쩌면, 어쩌면 그런 날이 오게 될지도 모르지."

여전히 격앙된 목소리로 남자가 끼어들었다. "하지만 그렇게 해서 얻는 게 무엇입니까?" 그는 씨앗이 묻힌 축축한 땅을 다시 쳐다보았다. "내가 저 땅에 묻혀 영원히 사라져야 한다면 무슨 득이 있습니까? 그래서 내 짝이 생긴다 하더라도 내 짝은 또 혼자가 되지 않겠습니까?"

"사람아, 한 번도 보지 못했느냐? 아니, 분명히 보았을 것이다. 씨앗은 결국 다시 자란다. 대지의 속박을 끊고 씨앗은 땅을 가르고 솟아오른다. 그렇게 되면 씨앗은 더 이상 하나의 씨앗이 아니다. 더 이상 혼자가 아니지. 씨앗은 많아진다. 하지만, 한 가지 신비를 말해 주마. 그 씨앗은 여전히…… 하나다."

남자는 죽은 사람처럼 움직이지 않고 가만히 서 있었다. 하나님의 얼굴과 땅을 번갈아 쳐다볼 뿐이었다. 천천히 그러나 차오르는 기대감으로 그가 주님께 대답했다.

주님의 모든 말씀

내가 완전히 알 수 없네.
주님의 생각은
저 높은 곳
내가 지각할 수 없는 곳에 있네.
주님의 비전은
천한 내가 알 수 없다네.
추측컨대
천사도, 천사장도
주님의 생각을 알지 못하네.
그러나 내가 선포하노니
나를 씨앗이 되게 하소서!
저 대지 속에
바로 지금
나를 묻어 주소서.
내가 땅을 가르고 솟아나리라.
주님의 손끝에서
혹은 내 심장에서
이제 데리고 나오리라.
나의 짝을.

창조주는 그의 대답을 듣고 영원히 묻어 두기로 결정했던 마음을 돌이키셨다.

"나의 형상대로 지음 받은 사람아, 네가 이 씨앗처럼 기꺼이 땅에 묻혀서 고독한 인생의 여정에 종지부를 찍겠느냐? 네 생명을 버려 새 생명을 얻으려고 기꺼이 이 일을 하겠느냐? 이 씨앗처럼 많아지기 위해 대지에 묻혀 죽음을 맞이하겠느냐? 네 짝을 가지려고 기꺼이 이 일을 하겠느냐?"

사람은 하나님을 똑바로 바라보고 더할 나위 없이 확신에 찬 목소리로 외쳤다.

"하겠습니다! 하겠습니다!"

주 하나님은 눈을 들어 천상계를 바라보신 후 손을 뻗으셨다. 천상의 반응은 즉각적이었다.

천군 천사들이 보이는 세계 속으로 번개 치듯 뛰쳐 들어왔다. 기쁨과 기대로 흥분에 찬 무리가 창조주와 그분이 만든 최고의 피조물을 둘러쌌다. 하나님과 사람은 이내 천사들의 빛과 찬양에 묻혔다. 신성한 예배가 진행되는 중에 주님은 다시 한 번 손을 들고 우레와 같은 목소리로 거침없이 이렇게 선포하셨다.

"사람을 위해," 그분의 목소리는 한층 더 높아졌다. "사람을 위해, 내가 짝을 지어 주겠노라. 그와 동류인 사람을!"

순간 찬양 소리가 멈추었다. 머리를 얻어맞은 듯, 충격을 받은 천군 천사들은 멍하니 있을 뿐이었다. 이해할 수 없는 말이었다. 하나님이 제안하신 것은 그들이 온전히 알기로는, 불가능한 일이었다. 그것만큼은 확실했다.

"오늘이 8일째가 아닌가? 그렇지?" 천사들이 서로 물었다.

"그럼. 오늘은 6일째가 아니라 8일째라네."

"그리고 우리 주님께서 여섯째 날에, 창조와 모든 창조 행위를 끝마치셨다고 선포하셨었지, 그렇지 않은가?"

"남성―수컷이 아기를 밸 수도 있는 건가?" 인간의 본질에서 어떤 답을 찾으려는 천사도 있었다.

'하나님이 한 분이신데 어떻게 하나님의 형상이 둘이 될 수 있지?' 모든 천사의 속을 태우고 있는, 입 밖에 낼 수도, 대답할 수도 없는 질문이었다.

주님은 옆에 서 있는 붉은 빛을 띤 피조물을 향해 몸을 돌리셨다. 이제 대답할 수 없는 질문들에 대답을 해 줄 참이었다.

"너는 땅에 속한 자다. 바로 이 흙으로 내가 너를 만들었다. 그러나 네 짝은 이 흙으로 만들지 않을 것이다." 잠시 말이 끊어졌다. 모든 천사가 몸을 바싹 당기고 주님께 귀를 기울였다. "그렇다. 흙이 아니라…… 바로 여기서 만들겠다!"

남자와 천사의 모든 시선이 하나님의 손끝이 가리키는 곳에 고정되었다. 순간 모두 숨이 멎었다. 주님의 손이 가리키는 곳은, 틀림없이, 남자의 옆구리였다.

"네 짝은, 지금 이 순간에도, 네 안에 감춰져 있다!" 주님께서 선언하셨다. "네 짝은 너를 위한, 너에게 속한, 너에 의한 짝이 될 것이다. 그는 너의 생명, 너의 본체에서 나올 것이다. 네 짝은 너의 본질이 될 것이다. 그는 확장된 너다! 그는 네 뼈요, 네 살이다. 네 본체요, 네 본질이다."

"아!" 조용히 감탄한 한 천사가 옆 동료에게 살짝 몸을 기대고 속삭였다. "그렇다면 이건 창조라기보다 종의 수립 문제라고 보는 게 옳겠군. 그렇지?"

"하지만 하나님의 유일성은 어떻게 되는 거지?" 여전히 궁금증이 풀리지 않는 천사가 되물었다.

"낸들 어떻게 알겠나?" 어리둥절한 대답이 돌아왔다. "우리는 시간과 영원의 기초가 놓인 후 태어났으니…… 그 전에 생긴 일을 어떻게 알겠는가?"

속삭이는 소리도 잦아들었다. 주님은 사람을 뚫어지게 바라보았다. 그는 천천히 손을 들어 사람의 얼굴을 감쌌다.

천사들은 다시 숨이 멎을 듯 놀랐다.

남자는 미끄러지듯 땅에 쓰러졌다. 그리고 전혀 움직임이 없었다. 너무 움직임이 없었다.

"영혼이…… 죽은 게야?"

"아닐 거야. 여전히 빛이 나잖아."

"하지만 저렇게 죽은 듯이 있다는 게 말이 돼?"

"자, 믿음을 잃지 말자고. 이상한 광경이긴 하지만, 하나님께서 창조하신 것 중에 선하지 않은 것이 없잖은가?"

물에 손을 집어넣으면 물이 묻어 나오고, 흙에 손을 집어넣으면 흙이 묻어 나오는 법. 마찬가지로 살아 계신 하나님이 자신의 손을 사람의 옆구리에 집어넣으면 틀림없이 사람이 묻어 나오지 않겠는가? 하나님은 사람의 안에서 사람의 일부를 끄집어내셨다. 사람의 본질의 일부가 그에게서 분리되었다. 그러나 그것은 여전히 그의 일부였다.

천사들은 이 충격적인 광경에 할 말을 잃고, 이제 하나이기를 그만둔 인간과 여전히 하나로 남아 있는 그분을 바라보았다.

"보았느냐?" 주님이 부드럽게 물었다. "무언가가…… 아니, 누군가가…… 아담 안에 숨어 있었다."

주님은 남자의 옆구리에서 갈비뼈 하나를 꺾으셨다. 그분은 은은하게 빛나는 뼈를 꺼내셔서 모든 천사가 볼 수 있게 높이 들어 보이셨다.

주님이 선포하셨다. "사람은 더 이상 하나가 아니다. 그는 나뉘었다. 그러나 양쪽 모두…… 변함없이 저 사람이다."

"이런 일이 생길 줄은 상상도 못했어." 한 천사가 혼잣말처럼 중얼거렸다. "정말 하나님은 상상을 초월하는 분이시네."

주 하나님은 천군 천사들을 바라보셨다.

"이 뼈에서, 사람 안에서 취한 이 뼈에서, 내가 그의 짝을 지어 주겠노라."

"그는……" 주님의 음성이 가늘게 떨렸다. 모든 천사가 긴장했다. 몇몇은 본능적으로 검을 빼어들 준비를 했다.

"사람은…… 이제 짝을 갖게 되리라. 그 자신의 본질, 자기 존재의 확장인 짝을. 내가 이제 그의 살로 살을 짓고, 그의 뼈로 뼈를 지으리라. 그가 짝을 얻으리라. 그와 같은 존재인 짝을. 그가 사랑을 부어 줄 수 있는 짝을."

천사들은 동시에 땅에 엎드렸다. 이제 막 펼쳐질 드라마에 대한 작은 계시가 천사들의 오감을 자극했다. 그들은 다시 일어나 부드러운 가락으로 찬양하기 시작했다. 이제 막 건축가로 변신한 창조주를 향해.

찬양은 이내 정적 속으로 사라졌다. 그들 눈앞에 펼쳐진 광경이 그들을 온통 사로잡았기 때문이었다.

5

"이것 봐. 여기에는 모순이 없어." 골똘히 생각한 듯, 한 천사가 입을 열었다. "우리가 사는 보이지 않는 세계에는 짝이 없지만 인간계인 보이는 세계에서는 모든 것이 짝이 있네. 그러니 사람도 짝이 있는 것이 자연스러운 일이야." 이 천사는 위대한 신비의 결론을 지으려는 듯, 몸을 쭉 펴며 일어났다. "이것은 눈에 보이느냐 보이지 않느냐의 문제인 걸세. 사람은 하나님의 형상이지만 눈에 보인다. 그러나 하나님은 보이지 않는다. 거기에 차이가 있는 게지! 보이지 않는, 영적인 존재는…… 짝이 없다. 보이는, 육신이 있는 존재는…… 짝이 있다."

"잠깐." 곁에서 그의 말을 듣고 있던 한 천사가 의문을 제기했다. "그렇지만, 형상에게 짝이 생길 수 있다면 그 형상의 원본인 하나님은 어째서 짝이 생길 수 없단 말인가? 더욱이 사람은 물질계에만 속한 존재가 아닐세. 그는 부분적으로 영적인 존재야. 알다시피 그는 동물과 똑같은 존재가 아니라네. 그는 빛이 난다고!"

속삭이며 진행되던 대화가 갑자기 뚝 끊어졌다.

주님의 바쁜 손놀림에 새로운 존재가 모습을 드러내기 시작했다. 그때 천사장 중 하나인 빛의 천사가 무리를 지나 황급히 주님께 다가가는 것이 보였다. 깜짝 놀란 천사들은 다시 웅성대기 시작했다. 이처럼 중요한 순간에 주님의 일을 방해하는 행동은…… 꽤나 천사답지 못한 짓이었다!

"송구스럽지만 모든 천사가 속으로만 앓고 있는 질문을 여쭈어도 괜찮은지요?"

"해 보아라."

"주님께서는 사람의 짝을 빚고 계십니다. 주님의 짝도 창조하실 생각이십니까?"

천사장들은 그의 말에 대경실색했다. 이처럼 무례한 행동은 전례가 없었고, 생각도 못할 부적절한 질문이었다. 그리고 그런 질문이 입 밖으로 나온 적은 단 한 번도 없었다.

주님의 대답은 무기력할 정도로 침착했다.

"창조는 끝났노라. 창조를 마쳤는데 내가 어찌 다시 창조를 하겠느냐? 아니다. 내 본질의 불변성에 따라, 그리고 내 말의 확실성에 따라, 창조하는 일은 영원히 끝났느니라."

그 말 한마디에 천사들의 모든 궁금증이 녹아 버렸다.

천사장은 안심이 되었지만 다른 천사들은 여전히 긴장을 늦추지 않았다.

"아니다." 다시 한 번 주님의 잠잠하고 차분한 음성이 들려오자 천사들은 귀를 쫑긋하고 집중했다. "사람이나…… 나나……" 말씀이 잠시 끊어졌다. "사람이나 다른 어떤 것도, 이 창조의 영역 외에서 짝을 얻는 일은 없을 것이다. 창조하는 일은 끝났느니라. 자, 이제 이 창조의 마지막 짝을 잘 보아 두어라."

그러고서는 몸을 돌려 천사장을 마주 보며 입을 여셨다. "온전한 새 창조는 필연적이었다. 그러니 이 창조의 마지막은, 아주 웅장한 행위가 되어야 하겠지. 그리고, 나는 결코 창조된 짝을 가질 수가 없다. 나의 동류가 되려면 필히, 내가 스스로 존재하는 것처럼, 그도 스스로 존재하여야 할 것이다! 다만……"

대화는 끝났다. 주님은 다시 일에 집중하셨다. 궁금증이

다소 풀린 천사장도 천사들 위, 보좌 곁에 있는 제자리로 돌아갔다.

이제, 어느 때보다도 더 전념하여, 건축가이신 하나님은 방금 전까지만 해도 인간의 갈비뼈 하나에 지나지 않던 것을, 반짝이는 생기 어린 형태로 빚어내고 계셨다. 그러다 갑자기 그분이 동작을 멈추셨다. 가만히 있는 그 모습이 어찌나 완벽했던지 천군 천사들이 오금이 저릴 정도였다. 천천히, 언제부터 그랬는지 알 수 없지만, 주님은 빛나기 시작했다. 점차 강렬해지는 빛과 함께 주님의 계시가 폭발적으로 빛나기 시작했다. 천사들은 비상이 걸렸다. 주님의 강한 빛이 처음에는 천사들을 삼키더니, 다음에는 지구를, 다음에는 우주를 삼킬 기세였다. 위로, 밖으로, 눈에 보이는 세계를 전부 완전히 삼켜 버릴 때까지 주님의 광채는 사방으로 뻗어 나갔다.

의문의 여지가 없었다. 하나님이 처음 창조의 뜻을 품을 때에도 이처럼 강렬한 계시는 없었다.

한없이 위로, 한없이 밝게 치솟은 빛은 홍수처럼 천상을 점령하고, 보이지 않는 세계를 가득 메웠다. 모든 창조 세계가, 창조의 깊이와 넓이가 모두, 하나님의 영광의 빛에 삼켜지고 있었다. 그분이 이…… 짝에 대해 생각하는 동안에!

주님의 빛에 압도된 천사들은 두려워 간이 콩알만 해졌다. 그들의 영은 하나님 안에 흠뻑 잠겨 하나님의 생각을 느끼기 시작했다. 그들은 소용돌이처럼 강렬하게 터져 나오는 계시에 휘말려 주체할 수가 없었다.

서서히 계시의 힘이 진정되자 정신을 차린 천사들은 하나님의 본체에서 빠져나온 궁극의 생각이 무엇인지 궁금했다. 어떤 걸작품이 만들어졌을까? 마침내 그들은 빛 속에서 하나님의 얼굴을 분간할 수 있었다. 격양된 그의 얼굴에는 희열이 가득했다.

후들거리는 다리를 진정시키며 제자리로 돌아가는 한 천사가 나지막이 속삭였다. "우리 주님은 사람의 짝에 대해 심사숙고하셨어. 마음의 눈으로 그를 보신 게야. 하지만 내 생각에, 그 이상으로, 더 높고 훨씬 더 큰 비전을 보신 것 같아. 하지만 그게 뭘까?"

"신비지, 다가갈 수 없는 빛에 감춰진 신비." 옆에 있던 천사가 거들었다.

하늘의 건축가께서는 떨리는 손으로 그것을 짓고, 빚고, 매만지고 다시 빚으셨다. 주님이 지은 존재가 마침내 완연한 모습을 드러내자, 천사들은 충격과 경외에 압도되어 또 한 번 무릎을 꿇었다.

한 천사가, 매우 불경스럽게도, 모두의 생각을 목청껏 외쳤다. "주님께서 만드신 사람은 남자가 아니다. 비슷하지만 분명히 다르다. 암사자가 수사자와 다르듯 남자에게서 나온 이 존재도 남자와 다르다. 그러나 수사자나 암사자를 전부 합쳐도," 제멋대로인 천사가 계속 소리쳤다. "이것의 아름다움에 절대 견줄 수가 없다."

다른 천사도 감정을 억누르지 못하고 외쳤다.

"심지어 남자도, 이 아름다움에 견줄 수 없다!"

이와 동시에 하늘이 갈라지고 모든 천군 천사가 한 목소리로 크게 선포했다.

이전에도 이후에도
이보다 아름다운 것
결코 없으리.
하늘의 천군 천사,
대지의 모든 피조물,
모든 부족, 모든 인종
이보다 더욱 아름다운 것 있다면,
그것은 오직
하나님의 얼굴뿐이라네.

6.

"이제 확실히 알겠어."

"뭘?"

"그 빛…… 조금 전에 그 빛이 우리를 다 태울 뻔했잖아! 우리 하나님은 짝을 가질 수 없으시지만, 주님은 마음의 눈으로 그 모습을 보셨어. 만약…… 그녀가…… 하나님의 짝이 존재할 수 있다면 바로 그 모습을 말이야. 주님의 짝이 있다면 그분이 계시 속에서 본 그 모습이 아닐까? 주님의 비전, 당신의 짝에 대한 비전을 가지고…… 사람의 뼈로 사람의 짝을 만드신 게야. 이해가 돼? 이 여인은 주님의 짝에 대한 비전의 형상을 그대로 옮긴 거야! 사람의 짝은 하나님께

결코 생길 수 없는, 하나님의 짝의 형상이야."

"만일 하나님께서 손으로 지으신 이 여인이 형상이라면, 아……, 그럼 하나님의 짝은 바로 그런 존재겠군, 정말로 존재한다면!"

"그건 우리가 절대로 알 수 없지."

"우리 하나님도."

"그럼 놀랄 것도 없군." 처음에 말을 꺼낸 천사였다. "최고의 걸작품을 만드셨지만, 자네도 알겠지만, 우리 주님께서는 우울한 기쁨을 느끼신 게야."

7

 심장이 고동치는 여인을 모두가 볼 수 있도록, 주님은 뒤로 물러나셨다. 그 발치에는 살아서 숨을 쉬는, 발그레한 진주 빛 피조물이 가만히 누워 있었다. 햇살을 조각할 수 있다면 그와 같으리라.

 천사들은 이 완전히 새로운 존재에게서 오랫동안 시선을 뗄 수 없었다. 그 형체, 굴곡, 이목구비가 기대하고 짐작하고 상상했던 모든 것을 뛰어넘었다.

 남자의 짝, 사람의 동류가 탄생했다. 그리고 이제부터, 모두가 알듯이, 사람의 아들들과 사람의 딸들이—사람의 동류가 생길 것이었다.

하나님의 형상인 사람에게 '동류'가 있다니? 천사들로서는 상상조차 해 본 적 없는 생각이었다.

천사들의 몽롱한 상태를 깨뜨린 것은 남자에게서 나온 존재였다. 그녀가 눈을 떴다. 모든 것이 신기했다. 그녀가 일어서자 천사들은 그녀의 기품을 보고 환희의 탄성을 내질렀다. 마침내 그녀의 눈동자에 하나님의 얼굴이 맺혔다. 궁금증은 사라지고 지혜가 충만했다. 여자는 고개를 살짝 기울였다.

"당신은 나의 주님, 나의 창조주, 나의 하나님이십니다."

"그렇단다." 주님이 부드럽게 대답했다.

그녀의 시선이 멀리 천상의 존재들에게 닿았다 돌아왔다.

"주님은 한 분이시군요."

그리고 그녀는 미소를 머금고 천사들에게 손짓했다.

"여러분은 이렇게 많으시고요."

"그리고 저는…… 저는 혼자인가요? 아니면 많은가요?"

하나님은 기다렸다는 듯이 대답하셨다. 놀랍게도 대답은 한 마디로 끝났다.

"가거라." 주님은 남자가 잠들어 있는 곳의 정반대 방향을 가리키셨다.

"가거라. 천사들을 지나, 동물들을 지나, 언덕으로, 산으로, 가거라. 그리고 거기서 기다려라."

여자는 손을 내밀어 하나님의 손을 어루만진 후 몸을 돌이켜 서쪽으로 사라져 갔다.

주님은 동쪽으로 발걸음을 옮기셨다. 천사들이 그 뒤를 따랐다. 그들은 모두 같은 생각을 하고 있었다.

"그녀는 사람 안에 있었어. 바로 거기, 남자 안에 숨겨져 있었다고! 유한한 존재의 마음으로는 볼 수도 없고, 생각할 수도 없었지만⋯⋯ 하지만 여자는 언제나 남자 안에 있었어. 그녀는 사람 안에 숨겨진, 드러나지 않은 신비였던 거야.

그리고 옛적부터 항상 계신 이, 우리는 그분을 잘 안다고 생각하지만 완전히는 아니지.

우리가 창조되기 전에는 어떤 신비가 있었을까?

과연 어떤 것, 어떤 영광스런 신비가 아직도 하나님 안에 감춰져 있을까?

하나님 안에 짝이 있을까? 하나님과 동류인 짝이 숨어 있을까? 그분의 본체와 같은? 그분의 본성과 같은? 그럼⋯⋯ 하나님의 아들들이 태어나고! 하나님의 딸들이 태어나고!

하나님 안에 감춰진 것이 정말⋯⋯ 오, 아니야! 물론 당연히 아니지. 말도 안 되는, 생각할 수조차 없는 생각이라고!"

8

주님은 남자의 옆구리에 난 상처를 의미심장한 눈길로 바라보았다. 그분의 눈앞에서 시간은 미래를 향해 빠른 속도로 흐르는 듯했다. 아무도 볼 수 없는 그곳에 그분의 시선이 머물렀다. 움직이지 않고 가만히 누워 있는 남자 곁에 한쪽 무릎을 꿇고 앉은 하나님의 얼굴에서 슬픔이 배어 나왔다.

"결국 그렇게⋯⋯ 아니 그렇게 되어야 해." 그분의 목소리는 거의 신음에 가까웠다. 온화한 동작으로 그분은 사람의 벌어진 상처를 닫으셨다. 남자의 짝을 꺼낸 자리였다.

주님은, 미동도 하지 않고 누워 있는 사람에게 속삭이셨다. "네가 하나였을 때, 엄청난 비밀이 네 안에 있었단다. 이제 너는 둘이 되었구나. 그러나 나의 본성이 곧 너의 본성. 너는 곧 다시…… 하나가 될 것이다!"

남자는 눈을 떴다. 의식이 돌아오자마자 그는 미친 듯이 옆구리를 움켜쥐었다. 그의 눈이 휘둥그레졌다.

"할렐루야!" 그가 소리쳤다. "뭔가 허전하구나!"

튀어 오르듯 벌떡 일어난 그는 사방으로 뛰어다니며 외쳤다. "짝이 생겼어! 내게서 나온 내 짝이 어디에 있을까?"

"사람아," 차분한 목소리로, 완전히 무시당하신 주님이 말씀하셨다. "잠깐 같이 좀 걷고 싶구나."

"예! 좋습니다! 그런데 제 짝은 어디 있습니까?"

주님은 기다리셨다.

남자는 만세를 부르던 손을 내리고 미소를 지으며 주님을 바라보았다. "전광석화처럼 움직이는 천사를 만드셨으면서도 주님은 가끔씩 저보다도 천천히 움직이시는군요!" 그는 흥분을 가라앉히고 주님과 함께 걸었다.

"사람아, 너의 질료는 나뉘었단다. 그러나 결과는 동일하다. 그녀는 네게 속했고, 너로 지어졌고, 네게서 나왔고, 그리고 비록 지금은 분리되어 있지만 그녀는 너와 하나다.

너는, 영원히, 나의 형상이다. 그래서 여자는 네게 돌아와야만 한다. 그 질료가 네 질료에서 나온 것이니까. 그녀는 반드시, 다시 한 번 너와 하나가 되어야만 한다."

"무슨 말씀인지 잘 모르겠습니다." 남자는 망설이며 대답했다.

"네가 알 필요는 없다. 그러나 여자를 사랑해야 한다. 그것이 무엇보다 중요하다. 자 이제, 네가 사랑할 짝이 생긴 게다."

남자는 마음속에서 피어나는 의심을 감추지 않았다. "내 안에서 고동치는 사랑을 한 번도 표현한 적이 없습니다. 제가 정말……"

"나는 너의 일부를 취해 여자를 지었다. 그래, 지금도 네 안에서 고동치며 살아 있는 사랑을 어떻게 표현하면 좋을지, 곧 알게 될 게다."

"그러면…… 그러면 어떻게 됩니까?"

"네 짝도, 물론, 널 사랑할 게다."

남자는 걸음을 멈췄다. 자기 생각에 자기가 놀랐다. "그렇다면, 사랑은 주는 것만이 아니라 받을 수도 있단 말입니까? 사랑이 되돌아옵니까?"

사람의 말은 하나님의 본성을 깊이 흔들어 놓았다. "그래. 사랑은 주고…… 받는 거지."

남자는 하나님의 얼굴에서 놀란 눈을 뗄 수가 없었다. "누군가에게 사랑을 받는다는 것……, 짝에게 사랑을 받는다는 것은 도대체 어떤 경험입니까?"

비할 데 없는 주님의 얼굴에 슬픈 기색이 깊이 스쳤다.

"내 삼위의 본체에는…… 네가 전혀 알지 못하는 사랑과 교제의 나눔이 있다. 나의 존재 안에, 아버지와 아들의 사랑이 순환하지……. 너는 단지 이것의 반영이란다. 이 사랑의 깊이와 넓이는 모든 유한한 존재의 지각을 초월한다. 그러나 짝의 사랑은…… 네가 찾아서 발견하고 알아 가야 하는 문제란다……. 나는 결코…… 아니, 내가 알기 전에 네가 먼저 알게 될 것이다!"

"이제 여기서 기다려라. 네가 보게 될 때까지…… 혹은 들을 때까지, 기다리고 있어라."

그 말과 함께 주님은 사라지셨다.

9

 여자는 홀로 있는 공허함을 채우기 위해 아직 가보지 않은 대지 깊숙한 곳을 거닐었다. 창조 세계가 뽐내는 주님의 솜씨에 자주 발걸음을 멈추어 감탄하였지만 곧 바다처럼 넓은 고독이 그녀를 완전히 집어삼키기 시작했다.

 마음의 갈증을 달랠 수 없어, 절망감이 배어 있는 외마디 비명이 여자의 목을 치고 올라올 찰나, 갑자기 주님이 나타나셨다. 그분은 여자의 얼굴에 감출 수 없이 뚜렷하게 드러난 깊은 외로움을 아주 오랫동안 유심히 바라보셨다.

 "내가 만든 것들 중에 마음에 들지 않는 것이 있느냐?" 주님이 물으셨다.

"나의 주, 나의 하나님, 나를 지으신 분이시여, 주님의 창조는 말로 표현할 수 없을 정도로 아름답습니다. 그러나 저는 이렇게, 혼자입니다."

"그래, 안다. 나 역시 아주 오랫동안 혼자였단다."

"영원히 이렇게 혼자 지내야 합니까? 저의 동류는 없는 건가요?"

"네 질문에 지금 대답하마. 내가 지구상의 모든 피조물을 이곳으로 소환할 것이다."

이렇게 말씀하시면서 하나님은 손을 드셨다. 멀리서부터 모든 종류의 모든 동물들이 서쪽으로 고개를 돌렸다.

지평선을 가로지르며 헤아릴 수 없이 많은 동물들이 몰려와 주님과 그분의 아름다운 피조물을 중심으로 넓은 원을 그리며 군집했다.

"언제나 짝을 지어 다니는군요." 조용한 목소리로 여자가 말했다.

"하와야, 이들을 유심히 살펴보아라. 그리고 네 영혼에 귀를 기울여 보렴."

순간 하와는 처음으로 내면의 그곳을 느끼기 시작했다. 깊은 곳에 감춰진 영혼의 장소. 여자는 자기 존재 안에 있는 완전히 새로운 세계를 발견하고 그곳으로 들어갔다. 마음속에서 계시가 불꽃처럼 타오르기 시작했다.

이윽고 여자의 입에서 그 계시가 흘러나왔다.

"여기 있는 모든 것이 질서를 이루고 있습니다. 하지만 내 삶의 일부는 탈선한 것 같습니다."

마지막 동물을 보내면서 여자는 창조주를 다시 바라보았지만 아무 말도 할 수 없었다.

주님은 손을 들어 멀리 한 곳을 가리키셨다. 그와 동시에 하나님과 여자는 아주 높은 산봉우리에 올라 있었다.

"나는 아름답습니다." 결국 하와가 입을 열었다. 어린아이처럼 천진한 음성이었다. "아마 다른 모든 피조물보다 아름다울 것입니다. 주님께서 날 그렇게 만드셨으니까요. 그리고 나는 사랑할 수 있습니다. 아니…… 사랑합니다. 하지만 사랑할 대상이 없는걸요."

말이 갑자기 끊어졌다.

"나는 수사자 없는 암사자입니다."

희미한 기쁨의 표정을 감추지 못한 채 주님은 부드럽게 웃으며 대답하셨다. "정말 너는 놀라운 피조물이구나. 그래, 내가 널 그렇게 만들었지! 하와야, 넌 완벽하다. 완벽하게 창조된 그 어떤 것보다 완벽하구나. 너도, 다른 어떤 피조물도, 완벽한 지금 네 모습보다 더 완벽할 수는 없지. 단, 네 안의 피조되지 않은 것을 품지 않는 이상."

"무슨 말씀인지 모르겠습니다, 주님."

"진정으로 완벽한 것은 신성(divinity)뿐이다. 그러나 하와야, 아직 내 질문에 대답하지 않았구나. 내가 창조한 세계에서 하나로도 좋지 않은 것이 있느냐?"

여자는 대답을 마련하려고 씨름하는 듯 생각에 잠겨 말이 없었다. 그러다 갑자기 그의 얼굴에 미소가 번졌다.

"하지만 주님, 제 질문에 답해 주시기 전에는 저도 주님의 질문에 대답할 수 없습니다. 저는 혼자인가요? 아니면 절 닮은 동류가 있나요?"

"허허허, 넌 정말 유쾌한 반려자가 되겠구나. 만약…… 네 짝이 있다면 말이다!" 주님은 기분 좋은 웃음소리를 내며 대답하셨다.

"그럼, 제 짝이?" 여자가 다시 물었다.

"하와야, 넌 혼자가 아니란다. 그래, 널 닮은 존재가 또 있다. 그리고…… 하와야…… 그가 지금 널 기다리고 있다.

가거라! 가서 그를 찾아라."

이 말을 끝으로 주님은 또다시 사라져 버리셨다.

하와는 이렇게 속삭였다. "그렇다면 이제, 주님의 질문에 대답하겠습니다. 예! 모든 것이 좋습니다."

10

여자는 점점 더 큰 원을 그리며 초원을 횡단하기도 하고, 언덕을 오르기도 하면서 그를 찾았다. 가슴속에 있는 깊은 그리움은 시간이 흐를수록 커져만 갔다. 그러나 어느 곳에도 그는 없었다.

여자는 절망에 빠져 하늘을 향해 두 손을 들고 소리쳤다. "그는 어디에 있습니까? 어디에 있습니까?"

하나님의 음성이 다시 들려왔다. "마음속 깊이, 네 영혼에 귀를 기울여 보아라."

순간 여자의 영혼이 고동쳤다. 그녀의 몸을 감싼 은은한 빛이 점점 강렬해지더니 천사처럼 환해졌다. 그 자리에서,

가장 높은 산 정상에서, 그가 느껴졌다. 여자는 온 힘을 다해 크게 외쳤다.

"아담! 여기에요! 어서 오세요, 아담. 어서 오세요!"

여자는 다시 그를 느꼈다. 영혼의 빛이 다시 환해졌다. 동쪽을 향해 소용돌이치는 마음을 안고, 여자는 있는 힘껏 달리기 시작했다.

11

저 멀리 지평선 너머, 또 다른 산 위에서는 피곤과 슬픔에 지친 남자가 고개를 떨군 채 서쪽으로 발걸음을 돌리고 있었다. 순간 영혼이 고동쳤다. 그는 지금 여느 천사만큼이나 밝게 빛나고 있었다.

"나의 짝, 가까이에 있구나. 그녀를 느낄 수 있어. 그녀가 날 부르고 있어!"

흥분에 사로잡힌 남자는 산등성이를 한달음에 뛰어 내려갔다. 내를 건너 바위를 돌아 개울을 훌쩍 넘었다. 그는 거의 미친 사람처럼 서쪽을 향해 달렸다.

이제 남자는 확신했다. 여자는 가까이에 있고, 그 역시 남자를 향해…… 동일한 열정으로…… 다가오고 있었다.

남자가 이렇게 빨리 달린 적은 전에도 없었고 후에도 없었다. 어찌나 빨리 달렸던지 귓가에서 바람이 갈라지는 소리가 들렸다.

여자는 영혼 깊은 곳에서 느껴지는 직관이 이끄는 대로, 평야와 초원을 가로질러 거침없이 달렸다. 속도가 떨어진다 싶으면 더욱 힘을 내어 달렸다.

두 사람은 모르고 있었지만, 그들의 길은 바로 에덴동산으로 들어가는 입구에서 만나게 되어 있었다.

섬광처럼 짧은 순간, 남자는 멀리서 여자를 보았다. "보인다. 저기 보인다. 그녀를 봤어! 나처럼 그녀도 빛이 나는구나. 어, 분명 보았는데, 어디로 갔지?" 그는 더욱 힘을 내어 쏜살같이 달렸다.

잠시 후, 멀리서 그녀의 목소리가 들렸다. 영이 아닌 귀로 들리는 음성이었다. "어서 오세요, 아담. 어서!"

남자는 메아리가 들리는 방향으로 미친 듯이 달리며 소리쳤다.

기다려요, 내가 가오! 내가 가오!

대지 위에 드러난 생명나무의 굵직한 뿌리 뒤에서 빛나는 형체가 다시 나타났다! 남자는 여자를 더욱 자세히 볼 수 있었다. 이제껏 상상해 온 어떤 것보다도 훨씬 더 아름다운 모습이었다. 여자가 다시 시야에서 사라졌다. 남자는 실성할 지경이었다.

"나의 아내, 나의 여인이여!" 남자가 소리쳤다. 뛰는 듯 구르는 듯 발이 말을 듣지 않았다. 분명 여자도 남자를 보았을 텐데. "그녀도 나처럼 뛰어온 거야. 그녀도 날 보고 싶었던 거야!" 순간 그는 깨달았다. 울면서 달려온 그는 이제 우렁찬 목소리로 포효하듯 부르짖었다.

사랑하오. 사랑하오. 듣고 있소? 사랑하오!

다시 여자의 모습이 보였다. 두 사람은 서로를 향해 더욱 달렸다. 거리가 점점 좁혀졌다. 상대방을 눈앞에 둔 두 사람은 갑자기 멈췄다. 어찌할 바를 몰랐다. 남자가 다시 소리쳤다. "듣고 있소? 사랑하오!" 거의 동시에, 두 사람은 몸을 날려 서로 얼싸안았다. "나도 당신을 사랑해요. 사랑해요…… 당신이 나를 사랑하듯이." 품에 안긴 여자가 대답했다.

기뻐하며, 환호하며, 웃어 대며, 눈물을 흘리며, 그들이 거친 포옹으로 서로에게 꽉 붙들려 있는 동안에도 남자는 내내 이렇게 외쳤다. "당신은 아름답소. 천사장보다 아름답구려. 당신을 사랑하오. 사랑하오."

여자도 기다리지 않고 대답했다. "나도 당신을 사랑해요."

미칠 듯이 기뻐하고 웃던 남자는 포옹을 풀고 여자를 힘차게 들어올렸다. 그는 고개를 뒤로 젖히고 하늘을 향해 고함쳤다.

나는 사랑한다!
드디어, 내가 사랑을 한다.
그리고, 사랑을 돌려받았다.

어린아이처럼 신이 난 남자는 여자의 어깨에 손을 얹고 정신 나간 사람처럼 다시 소리쳤다. "알고 있소? 당신이 나의 일부였다는 사실을 알고 있소? 내 안에 숨어 있었소! 바로 여기에. 보시오! 당신이! 당신처럼 아름다운 피조물이 내 안에 있었소. 바로 여기 옆구리에 말이오. 여기가 바로 당신이 있던 곳이오. 그리고 알고 있소? 당신은…… 나로 만들어졌다는 것을! 우리는…… 분리되었지만. 이제 보시오. 다시 하나가 되었소. 당신이 내게 돌아온 것이오!" 남자는 여자를 끌어안고 빙글빙글 돌았다.

"함께, 영원히! 함께, 영원히!"

그의 마지막 말은 동심원을 그리며 온 창조 세계에 널리 퍼져 나갔다.

남자는 여자를 곁에 두고 주위를 한 번 둘러보더니 하늘을 향해 손을 들었다.

창조주, 하나님.
저의 말을 들으소서!
천사들이여, 내 말을 들으소서!
스랍과 그룹이여.
큰 바다와 대지,
하늘의 모든 피조물이여.
나는 다시 하나가 되었습니다.
보십시오. 나의 짝을!
모든 세계를 합친 것보다도
더 아름답고, 더 찬란한.
결국!
내 뼈 중의 뼈
내 살 중의 살

그리고 나…… 사람!
땅의 주인인…… 나는……
나는…… 더 이상…… 혼자가…… 아닙니다!
보이는 세상이여,
내 말을 들으시오.
보이지 않는 세상이여,
내 말을 들으시오.
홀로 있음은 영원히
깨어졌습니다!
그리고 이제, 나의 주님,
나의 하나님,
나의 창조주시여—
사람이
혼자 있는 것이
좋지 않았습니다.
그리고 저는 이제 혼자가 아닙니다.
지금부터,
영원히,
모든 것이 좋습니다.

"이제 한 가지 일이 남았소. 궁극적인 하나의 완성. 처음에는…… 당신이 내 안에, 이제…… 내가…… 당신 안에!"

하늘과 땅보다 더 아름다운 곳, 에덴동산의 청명한 아름다움 속에서, 남자가 여자를 다시 품에 안았다. 천사들이 시원(始原)의 거룩함을 즐거워하는 사이 땅의 통치자와 그의 짝은, 다시…… 한 몸이 되었다.

12

 누구도 눈치 채지 못하게 주 하나님은 조용히 뒤로 물러나셨다. 천사들은 남자의 기쁨에 대해 왁자지껄 떠들고 있었지만, 주님은 땅 위로, 하늘 위로 올라가셨다. 그분은 천상에도 머물지 않고 계속 올라가셨다. 공간을 지나, 시간을 지나, 영원의 바깥…… 그분이 전부였던 곳으로 돌아오신 것이었다.

 그곳에서, 오랫동안 그랬던 것처럼 완전한 고독 속에, 주 하나님은 마음 깊숙이 누르고 있던 슬픔을 토해 내셨다.

 아니다. 아니야!

사람아!
모든 것이 좋지는 않단다.
하나님이
홀로 있는 것이
좋지 못하단다!

13

그 천사들은 남달리 호기심이 많았다. 여덟째 날 오후, 두 천사가 아침에 있었던 일을 골똘히 생각하고 있었다.

"정말 알 수가 없단 말이야."

"뭐가?"

"여자가 남자 안에 있었어, 그렇지?"

"우리가 이 두 눈으로 똑똑히 봤잖은가?"

"그리고 남자는 하나님의 형상이고. 그렇다면, 하나님 안에도 지금 뭔가가 있다는 말인가?"

"지금 나한테 물어보는 건가?"

"그래. 궁금한 게 하나 더 있어. 남자와 그의 짝 말이야. 두 사람이 다시 연합해서 완전히 하나가 되었잖아? 동산에서 분명히 남자가 여자 안에 있었지?"

"그렇지."

"남자는 보이지 않는 하나님의 물리적이고 가시적인 형상이지! 그렇다면 그는 영적 실체의 물질적 형태가 아니겠어?"

"같은 질문을 몇 번이나 할 참인가?"

"그러니까 내 말인즉슨, 영의 세계에서도 주 하나님께서 당신 안에 숨어 있던 무언가…… 혹은 누군가의 안에 계시게 되지 않을까? 그가 주님 안에, 주님께서 그 안에?"

"만에 하나, 하나님 안에 지금 누군가가 숨어 있다면 언젠가 하나님께서 그 안에 숨으시는 날이 오지 않겠나! 그럴지도 모르지. 난 모르겠네. 영원히 죽지 않는 천사가 뭘 알겠나?"

14

 주님은 남자와 여자를 불러 하나님의 낙원인 에덴에 살게 하셨다.

 그들은 자주 주님과 함께 거닐며 많은 이야기를 나눴다. 그러나 때때로 그분의 마음은 딴 곳에 있는 듯했다. 적어도 그들의 눈에는 그렇게 보였다. 그러나 그분은 멀리서 그들을 바라보며 당신 자신의 살아 있는 형상인 그들의 인생길을 생각하셨다.

 "그들은 절대 한눈을 팔지 않는구나. 한눈 팔 일이 없지. 그들 눈에는 상대방밖에는 아무것도 존재하지 않으니!

 여자는 흠이 없구나. 주름살도 없구나. 그에게서 불완전한 것을 찾을 수가 없구나.

여자를 향한 남자의 사랑은 그칠 줄 모르는구나. 또한 거침없이 순수하고 자유로운 열정으로 여자는 남자를 사랑하는구나.

여자는 남자와 하나라는 사실을 의심하지 않는구나. 사랑한다는 증거도 요구하지 않는구나. 여자는 남자를 전적으로 신뢰하고 그의 사랑을 믿는구나. 마음에 들지 않을까, 잃어버릴까, 전혀 걱정하지 않는구나.

여자는 아름답다. 그녀도 그것을 알지만 교만하지 않는구나. 오히려 남자가 모든 땅의 통치자라는 사실을, 그리고 그 자신은…… 남자의 완벽한 짝이라는 사실을 마음속 깊이 잘 알고 있구나."

주 하나님은 뒤돌아 물러나셨다. 그분의 입가에는 미소가 맺혀 있었다.

놀랍고 멋진 그때가 되면,
이렇게 되겠지…… 나의 하와도.

2부

15

그분은 아침 내내 거기 선 채로 기다렸다. 얽히고설킨 광활한 산맥의 가장 높은 봉우리에서 남쪽을 뚫어져라 쳐다보고 있었다. 늦은 오후, 마침내 그들의 모습이 나타나기 시작했다. 처음에는 지평선의 작은 점처럼 보이던 것이 점점 커지더니 커다란 행렬로 변했다. 그분의 백성들, 최근에 노예 생활에서 해방된 하나님의 백성들이었다.

내일이면—그분은 알고 있었다—바로 이 산 정상에서 그들의 지도자를 대면하고 자신의 마음에 가득한 많은 이야기를 들려줄 것이다.

내일 일을 생각하던 그분은 잠시 기억을 더듬었다. 에덴동산 시절, 불순종, 인류의 끔찍한 타락과 모든 피조 세계의 타락. 그리고 홍수와 노아도 떠올렸다. 인간의 타락이 다시 극에 달해 홍수는 어쩔 수 없었다.

그분은 오늘 다시 새 출발을 다짐했다. 과연 이번에는 어떻게 될까?

피난민들의 모습이 뚜렷하게 보였다. 선두에서 백성을 이끄는 모세, 모헤어 천막, 소떼와 양떼의 모습이 선명하게 보였다. 희미하게 백성 무리의 윤곽도 시야에 들어왔다. 그분은 이동하는 인간들의 행렬을 뚫어지게 바라보았다. 그 모습은 점점 흐릿해지더니 형태가 변하면서, 마침내 한 사람으로 변했다. 그분의 눈은 이제 수많은 백성의 무리가 아닌, 이집트에서 나와 뜨거운 사막을 지나 그에게로 올라오는 사랑스러운 어린 소녀를 바라보고 있었다.

"저녁이면 소녀가 도착할 것이다. 그 소녀는 곧 내가 그녀에게 약속한 땅으로 들어갈 것이다. 그녀는 그곳에서 성숙한 여인으로 성장할 것이다. 영원 전부터 기다렸다. 내가 천지를 창조한 목적은 오직 하나.

궁금하구나…… 정말 궁금해. 그녀가 날 사랑할 줄 알게 될까?"

16

여든을 거뜬히 넘겼지만, 백만 명의 백성이 운집한 가운데 거대한 바위를 오르는 그의 발걸음은 청년처럼 힘차고 당당했다. 이 특별한 날, 그들은 그의 말을 들으려고 모였다. 천천히 그러나 우렁차고 분명한 목소리로 그는 백성에게 그들의 유구한 역사를 설명하며 최근에 있었던 기적적인 사건들을 상기시켰다.

"큰 홍수가 일어났을 때, 온 인류가 그들의 악한 소행 때문에, 그리고 하나님을 잊었기 때문에 모두 멸망하고 나서, 노아의 가족은 다시 번창하기 시작했습니다. 다시 인류는 온 땅을 덮었고, 사람의 자손은 또다시 하나님께 등을 돌리고 온 땅을 죄악으로 물들이기 시작했습니다.

주 하나님께서 사람을 창조하신 것을 한 번 더 후회하셨습니다. 그분은 인류를 포기하시고 자신을 따를 한 가족을 선택하셨습니다. 오늘, 여기 있는 여러분 모두는 그 가족의 후손들입니다. 아브라함, 이삭, 야곱에게서 나온 자손들이 큰 민족이 되었습니다.

오늘 주 하나님께서 한때 우리 조상 아브라함이 살던 땅으로 돌려보내시려고 우리를 부르셨습니다. 그 땅은 우리의 운명입니다.

주님께서 여러분을 크게 사랑하십니다. 그러나 교만하지 마십시오. 여러분이 순결하고 고귀하기 때문에 주님께서 여러분을 사랑하시는 것이 아닙니다. 결코 그렇지 않습니다! 여러분이 노예의 아들딸, 멸시당하는 백성이기 때문입니다. 여러분이 크고 강한 민족이기 때문에 주님께서 여러분을 사랑하시는 것이 아닙니다. 절대 그렇지 않습니다! 여러분이 모든 민족 가운데 가장 천한 민족이기 때문입니다.

그럼 주님께서 왜 여러분을 사랑하십니까?

그분이 여러분을 사랑하시는 이유는…… 그분이 여러분을 사랑하시기 때문입니다.

오늘, 주님께서 아브라함에게 주신 땅을 향한 여행이 다시 시작되었습니다. 그 땅에 들어가서, 여러분은 강해지고 번창할 것입니다. 그날에, 여러분의 하나님을 잊지 마십시오. 여러분을 둘러싼 이웃 나라들을 본받지 마십시오. 자기 땅을 죄악으로 물들인 다른 나라들처럼 그 땅을 죄악으로 물들이면, 여러분은 하나님의 진노가 무엇인지 확실히 알게 될 것입니다.

우리에게 베푸신 그분의 자비를 늘 기억하십시오. 이집트에서, 홍해에서 보이신 그분의 신의를 잊지 마십시오. 그분이 은혜를 베풀지 않으셨다면 우리는 지금 홍해에 수장되었을 것입니다.

오늘…… 그리고 약속의 땅에 들어갈 그날…… 주님께서 여러분에게 요구하시는 것이 무엇입니까?

나는 그분 앞에 서서 그분을 직접 보았습니다. 거룩한 그분을 보고도…… 나는 죽지 않았습니다! 나는 그분의…… 무한한 권능을 목격했습니다. 나는 그분의…… 형용할 수 없는 영광을 맛보았습니다. 그런 하나님께서 우리에게 요구하시는 것이 무엇입니까? 단 한 가지입니다. 주님께서 우리에게 원하시는 것은 오직 이 하나밖에 없습니다." 모세는 잠시 호흡을 가다듬고는, 크게 외쳤다.

그분을 사랑하라.
온 힘을 다해
주님을 사랑하라.
온 마음을 다해
주님을 사랑하라.
온 영혼을 다해
주님을 사랑하라.
너의 전 존재로
주님을 사랑하라.
그분을 사랑하라!

17

 각자 처소로 돌아가는 백성들의 마음과 귓가에는 모세의 말이 계속 맴돌았다. 그들은 깊이 생각했다. 가족들이 모여 서로 마음을 털어놓았다.
 레위 지파의 한 가정에서는 이런 대화가 오갔다.
 "아버지, 전 그분을 사랑해요. 그분을 섬기고 싶어요. 오늘 당장 아론을 만나겠어요. 제 평생을 바쳐 귀한 주님을 섬기겠어요. 그분과…… 그분의 처소와…… 그분의 백성을요."
 얼마 떨어진 한 가정에서는, 아내가 남편과 마주 앉아 남편의 얼굴을 유심히 살펴보고는 속내를 털어놓았다.
 "여보, 이집트에 살 때 우리는 그래도 남들보다 처지가 훨씬 나왔어요. 그곳을 떠날 때 받은 패물도 꽤 많고요. 당신 눈을 보니 우린 같은 생각을 하고 있는 게 틀림없군요. 우리 하나님은 정말 자비롭고 좋으신 분이시고, 우리는 진심으로 그분을 사랑해요. 우리가 가진 모든 은과 금을 주님께 바쳤으면 해요."

남편도 망설이지 않고 진지하게 대답했다.

"그래요. 사랑하는 마음으로 우리가 가진 것을 그분께 드립시다."

레위 지파와 멀리 떨어진 다른 지파의 진영에서는 열성적인 청년들이 모여 앉아 자못 엄숙한 분위기에서 신중한 대화를 나누고 있었다.

"그럼 모두 동의하는 거지? 오늘, 지금 여기서, 주님과 여기 모인 서로에게 영원히 하나님의 말씀에 순종하기로 맹세하자. 우리는 그분 말씀대로 사는 거야. 언제나. 사소한 일이든 우리의 목숨을 내놓을 일이든, 그분이 말씀하시면 순종하는거야. 은밀히 마음속에 말씀하시든, 직접 말씀하시든, 모세를 통해 말씀하시든 상관없이 주님의 명령을 받으면 자원하는 마음으로 즉시 순종하는 거야. 우리의 호흡이 끊어질 때까지."

"그것만으론 부족해." 한 청년이 토를 달았다. "기도! 우리,

기도의 서약을 맺기로 하자. 기도의 사람이 되기로, 낙타 무릎이 되기로, 주님의 얼굴을 구하고, 우리의 마음을 감찰하시도록 약속하는 거야. 그래, 궁핍하고 위급할 때 그분의 뜻을 행할 수 있는 힘을 구하는 거야."

청년들이 이런 대화를 하고 있을 때, 장로 한 사람이 급히 그들 지파의 지도자들을 불러 모았다. 다들 모이자 그는 열변을 토했다.

"우리가 반드시 해야 할 일이 있소! 내일 우리 지파에 속한 모든 사람을 소집합시다. 수금과 나팔을 들고 모이는 거요. 보시오, 여기 내 손바닥에 벌써 우리 청년 한 사람이 지은 노래를 적어 두었소. 하나님을 높이고 우리에게 감동을 주는 찬양이오. 이 노래를 다른 찬양과 함께 부릅시다. 우리 함께 주님 앞에 엎드려 예배합시다."

모두 그의 제안에 한마음으로 동의했다. "하나님께 우리의 사랑을 표현하는 데 예배만 한 것이 없지요."

해질 무렵, 모세가 백성들에게 선포하려고 올랐던 덩그런 바위 위에는 누군가 홀로 고독하게 앉아 있었다. 아무도 그분을 볼 수 없었지만, 그분은 그곳에서 처음부터 듣고 있었다. 그분이 명한 모든 메시지를 모세가 백성에게 선포하는 소리를 귀 기울여 들었고, 그 후 백성들 사이를 거닐며 그들의 대화 한 마디 한 마디를 유심히 경청했다.

백성들의 말을 되새기던 하나님의 얼굴에 슬픔의 기운이 깊이 감돌았다.

슬픔에서 새어 나오는 처연한 신음이 오랫동안 들려왔다. 사람의 귀에는 들리지 않았지만 모든 천군 천사의 마음을 찢어 놓는, 하나님의 마음 깊은 곳에서 터져 나오는 고통이었다.

내가 원한 것은
너희의 재물이나 금붙이가 아니었다.
내가 부족한 것이 있느냐?
나를 섬기라고
말한 적도 없다.
전능자인 내가
시중이 필요하겠느냐?
너희의 예배, 너희의 기도,
심지어 너희의 순종도
나는 명하지 않았다.

그분은 잠시 잠잠히 있었다. 그분의 가슴에서 길고 고통스런 신음이 다시 흘러나왔다.

내가 명한 것은 오직 하나,
나를 사랑하는 것……
나를 사랑하는 것……
나를 사랑하는 것.

18

 땅에 속한 사람의 눈에는 그녀가 한 민족이었지만 하나님의 눈에 그녀는 여인이었다. 민족이었으나 그분의 눈에는 그분의 신부를 예시하는 여러 지체로 이뤄진 여인이었다. 그분은 또한 알고 있었다. 천사나 사람의 지각으로는 알 수 없는, 상상조차 할 수 없는 일이지만, 훗날 언젠가 이 여인에게서 주님의 신부가 나올 것이었다. 그래서 주님은 그녀를 사랑했고 찾았고 아꼈다.

 이 여인의 사랑을 쟁취하고 빼앗으려는 자들이 있었다. 그녀를 멸망시키려는 세력도 있었다. 주 하나님은 그러한 구혼자들과 적들을 주의 깊게 지켜보았다. 경쟁자들을 기억하고,

여인의 원수들이 다가서지 못하도록 했다. 여인의 약점을 유념하고 그녀의 모든 탈선과 장애물을 시간 순으로 정리했다.

하와를 미혹했던 뱀을 떠올리고는 그분은 결심을 더욱 굳혔다. "그놈을 반드시 없애리라!" 광야에서 이 민족을 넘어지게 만든 떡 조각을 떠올렸다. 그분은 단단히 결심했다. "이 여인의 딸은 떡으로만 살지 않게 하리라."

그분은 여자를 유혹하는 세상의 현란한 장신구를 보았다. 그분은 자신의 이름을 걸고 맹세했다. "현란한 장신구와 장인들을 내가 진멸하리라." 그러나 무엇보다, 모든 유혹과 죄 앞에 극히 무력하고 나약한 여자의 삶이 눈에 밟혔다. 그분이 다시 선포했다. "그의 딸, 내 신부는 더 고귀한 다른 삶을 살게 하겠다!"

19

    이집트에서 탈출한 소녀는 불타는 광야를 지나 약속의 땅에서 안식과 번영을 누렸다. 그러나 그녀는 번창할수록 주님을 멀리멀리 떠났다.
    그분은 여인을 향해 거듭 소리쳤다.

돌아오너라.
돌아오너라!

    그러나 그녀는 돌아오지 않았다. 오히려 그녀는 세상의 민족들과 어울려 음란을 일삼았다.

그녀는 눈치채지 못했지만, 그녀의 원수들은 분명히 보고 있었다. 그녀가 하나님에게서 멀어져 제멋대로 방황할수록 처음에 받았던 위대한 힘을 잃어가고 있다는 사실을.

실연한 하나님은 소리칠 수밖에 없었다.

내가 사랑하는 걸 모르느냐?
내 너를 사랑하지만
내 너를 벌하지 않을 수 없구나.
날 떠나는 네게
내 사랑을 표현할 다른 방법이 없구나.
내 너를 벌하고
다시 너를 찾아오리라.

여인은 약해지고 약해졌다. 한때 힘과 부가 넘치는 강성했던 민족이 가장 약한 민족의 종이 되었다.

그래도 그녀는 여전히 돌아오지 않았다.

"그럼 이제 그 방법밖에 없구나." 주님은 한숨을 길게 쉬었다.

20

그분은 선지자들을 일으켰다. 남 유다에서 사람을 일으켜 온 땅을 두루 다니며 자신의 백성에게 임박한 심판의 날을 경고하게 했다.

선지자들은 거듭거듭 외치며 나아갔다.

회개하라!
회개하라!
너희를 사랑하시는
주님께 돌아오라.

선지자 중 일부는 북 이스라엘에 가서 백성들의 방탕과 불경을 고발했다.

유다에는 그나마 말씀을 듣는 사람이 조금이라도 있었지만 북 이스라엘은 아예 귀를 막았다.

북 이스라엘에서는 선지자가 일어나지 않았다. 그곳 어느 마을에 사랑에 빠진 한 청년이 있었다. 그 마을에서 가장 아름다운 소녀를 그는 전심으로 사랑했고 그들은 곧 결혼했다. 그러나 혼인 잔치의 여흥이 채 가시기도 전에 아내는 남편을 떠나고 말았다. 그리고 죄악의 쾌락에 몸을 팔았다. 그녀는 세상에 둥지를 틀고 세상의 모든 쾌락과 죄악에 빠져, 자신을 너무나 사랑한 그 청년의 기억은 지워 버렸다.

아내를 잃고 비통한 나날을 보내던 청년의 귓가에 주님의 음성이 들렸다.

호세아야, 가거라.
너희 백성에게 가거라.
가서 외쳐라.
말로 외치고
글로 외쳐라.
그들의 악한 행실을

고발하고
그들의 마음을 내게로 돌이켜라.

그러나 가기 전에,
온 땅을 뒤져서
창녀 짓 하는
네 아내를 찾아라.
그를 찾아서
집으로 데려오너라.
그를 다시,
네 신부로 맞아라.

호세아는 귀를 막았다. 불경한 여인의 몸에 다시 손을 대야 한다고 생각하니 혐오감에 서러워 눈물이 흘렀다. 그렇지만 그는 순종했다. 마을마다 찾아다녔다. 어둡고 악취 나는 곳을 찾아다닌 끝에 아내를 발견했다. 죄악과 불경에 마비된 그녀를 찾았다.

그는 아내를 일으켜 세워 안고 집으로 돌아와 다시 혼인을 맺었다.

"호세아야, 네가 무슨 일을 했느냐?" 주님이 물었다.

"창녀로 변한 아내를 되찾아 왔습니다." 호세아가 대답했다.

"그래서…… 나…… 주 하나님도…… 창녀가 된 이스라엘을 다시 받아들이겠노라. 죄악에 빠진 그녀를 찾아내어, 그녀를 용서하고 내 집으로 다시 데리고 오겠노라."

하나님과 호세아는 함께 부둥켜안고 눈물을 흘렸다.

21

잔이 차고 때가 이르자 주님은 북 이스라엘을 역사의 장에서 완전히 지워 버리셨다. 그 후 하나님의 은혜가 한계에 다다르자 남 유다 역시 정복당하여 모든 백성이 쇠사슬에 묶여 뜨겁고 황량하고 끝없는 사막을 지나 이방 나라로 끌려갔다.

불타는 모래사막 위의 하루는 일주일 같았다. 쇠사슬에 묶인 발걸음을 한 발짝씩 뗄 때마다 이집트에 노예로 잡혔던 선조들의 모습이 눈앞에 아른거렸다. 그들이 마침내 도착한 곳은, 한때 하나님을 섬겼지만 지금은 벌레를 섬기는 도시였다. 하나님의 힘으로 노예의 속박을 벗어 던졌던 백성이 같은 하나님에 의해 다시 노예의 굴레를 쓰게 되었다.

22

바빌론 남부, 뜨거운 흙먼지가 날리는 거리를 따라 한 노인이 터벅터벅 걷고 있었다. 22년 동안 지친 발걸음을 이끌고 마을과 도시를 다니며 하나님의 백성을 위로하고 장래의 구원을 다짐하고 죄악을 꾸짖었다. 그의 어깨는 휘고 허리는 구부정했다. 집안 걱정과 저 멀리, 잿더미가 되어버린 채 정적만이 감돌고 있는 황폐한 하나님의 도성에 대한 부담감이 영혼을 무겁게 짓누르고 있었기 때문이다. 그의 마음은 지금 이 순간에도, 어린 시절 목격한 파괴된 성에 대한 슬픈 기억과…… 주님께 돌아가지 않고 고집을 피우는 백성의 모습이 겹쳐 답답한 심정이었다.

뙤약볕이 내리쬐고 모래바람이 부는 갈대아 황무지의 험한 길을 걸으며 생각에 잠긴 그의 귓가에 작고 새된 울음소리가 들렸다. 아주 작고 매우 측은한 마음이 들게 하는 울음소리였다. 늙은 선지자는 서둘러 소리가 들리는 곳을 향해 걸어갔다. 길가를 달려 무서운 기세로 마른 덤불 가지를 걷어 내었다. 갓 태어난 아기가 도랑에 버려져 있었다. 후산한 난막(卵膜)에 싸인 아기는 탯줄까지 그대로 달려 있었다. 아기의 작은 숨소리는 끊어질 듯 거의 들리지 않았다.

늙은 선지자는 난막을 찢어 아기를 꺼낸 뒤 인공호흡을 했다. 지저분한 아기를 가슴팍에 끌어안고 인근 마을로 달렸다.

그날 저녁 늦은 밤, 그는 아기를 거둬 준 자녀 없는 한 부부에게 작별 인사를 하고 대문을 나섰다. 아까 걷던 먼짓길에 다시 들어섰지만 그는 여전히 자기가 구해 낸 비참한 아기의 모습을 떨치지 못했다. 그의 마음이 크게 요동치기 시작했다. 그때 뒤편에서 누군가 그의 이름을 부르는 소리가 들렸다.

에스겔아!

늙은 선지자는 발걸음을 멈췄다. 아주 익숙한 그 음성이었다. 그는 감히 움직이지도, 숨조차 쉬지도 못했다. 그 음성이 늘 좋은 징조만은 아니었기 때문이다.

에스겔아!

"예, 주님." 그는 하늘을 바라보며 대답했다.
"그 아기…… 네가 도랑에서 발견한 그 아기 말이다."
"예, 주님."
"에스겔아, 나도 너처럼 황무지를 걸었던 적이 있다. 나도 역시 작은 아기의 울음소리를 들었다. 그 아기도 후산한 난막 속에서 죽어 가고 있었다. 죽어 가는 그 아기를 낳은 여자는 헷 족속, 부정한 자였다. 그의 아버지는 아모리 족속, 부정한 자였다! 아기는 흉측하고, 사랑받지 못하고, 밉상에, 불결하고, 버려진…… 더러운 핏덩이였다.

나는 아기를 가슴에 품고 집으로 돌아갔다. 그리고 아기를 씻기고, 소금으로 문지른 뒤, 잘 보살폈다.

그 여자 아기를 나는 '예루'라고 이름 지었다. 내가 키운 덕분에 그 아이는 강하고 아름답게 자랐다. 그녀는 모든 여인 가운데 가장 아름다웠다. 솔로몬 시절, 그녀는 지구상에서 가장 아름다운 여인이었다."

길고 무서운 침묵이 이어졌다. 에스겔은 몸을 떨었다.

"우리가 혼인하기로 한 그날, 그녀는 이집트와 바빌론이 부르는 소리를 듣고 그들에게 정조를 바쳤다. 그녀는 내게 등을 돌리고 세상의 길을 걸으며 천한 사랑에 몸을 팔았다. 그녀는 이집트의 창녀가 되고 바빌론의 노예가 되었다.

그들은 그녀의 금을 빼앗고, 그녀의 은도 빼앗았다. 그녀는 자유의 땅에서 자유를 빼앗겼다. 아름다운 여인은 노인으로 변해 갔다. 그녀는 자신의 아름다움 때문에 망해 버렸다. 그러나 지금까지—노예가 되었으면서도—예루는 돌아오지 않는다.

에스겔아, 내 말 뜻을 알겠느냐?"

에스겔은 세파에 지친 얼굴을 들어 하늘을 바라보았다. 지그시 눈을 감고 간결하지만 의미심장하게 대답했다. "아, 하나님, 알겠습니다. 알겠습니다!"

"에스겔아, 나를 위해 그 여인을 찾아가거라. 그녀에게 예언하여라. 나에게 돌아오라고 말하여라. 내가 그녀의 상처에 약을 바르고 누더기 옷 대신 깨끗한 옷을 입히겠다. 나에게 다시 돌아오기만 한다면 젊음과 아름다움을 회복시켜 주겠다."

하나님은 다시 침묵하셨다. 에스겔의 얼굴은 다시 창백해졌고 주님의 음성을 기다리는 그의 마음은 미어졌다. 주님이 다시 말씀하셨을 때, 그 음성에서 어찌나 설움이 진하게 배어 나왔던지, 그는 양손으로 귀를 막아 하나님의 슬픈 목소리를 듣고 싶지 않을 정도였다.

돌아오너라, 예루야.
너의 창조주에게로 돌아오너라.

나는 아무것도
원하지 않는다.
나를 사랑하기만 해다오.

너의 뜻을 다해,
마음과 정성을 다해,
나를 사랑하여라!

예루야, 예루야,
내게로 돌아오너라.
더 이상 몸을 팔지 말거라.
돌아오너라.

오, 도성아,
돌아오너라.
돌아오너라, 하나님의 신부야.

돌아오너라.
오, 예루살렘아!

23

　세월이 흘러도 불순종한 민족의 이야기는 거의 변함이 없었다. 아름다운 여인은 방황하고…… 돌아오고…… 다시 방황했다. 그녀가 방황할 때마다 주님은 그녀를 유혹하는 것이 무엇인지 눈여겨보았다. 세기가 오고 세기가 가는 내내 그분은 참았다. 영원과 시간 사이를 가로막고 있는 하늘 문을 열고 들어갈 때를 기다렸다. 인간 드라마가 펼쳐지고 있는 무대 위로, 역사의 중심 역할을 수행하기 위해 참고 기다렸다.

　모든 약점과 모든 원수에 대한 파악이 끝났다. 그분이 조용히 말했다. "때가 찼다. 이제 형상, 예언, 상징, 예표는 다

끝났다! 실재가 되리라. 이제 내가 내 짝을 찾으리라."

그분은 보좌에서 일어나 나직이 혼잣말을 했다. "갈릴리 작은 마을." 그분은 손을 들어 천사장을 불렀다.

가브리엘!

24

그 신비한 곳으로, 보이는 세계와 보이지 않는 세계가 만나는 하늘 문으로, 그분이 들어갔다. 예전에도 몇 번 들어갔던 문이었다. 말씀을 선포하려고, 어리석은 역사의 방향을 바꾸려고, 선지자와 마주보고 대화하려고, 잠깐씩 영의 세계에서 육의 세계로 내려간 적이 있었다.

그러나 오늘은, 천사들이 눈치 챌 정도로, 뭔가 이상했다. 하늘 문 앞에 선 그분의 얼굴이 분노로 뜨겁게 타올랐다. 활활 타오른 그분의 눈동자에서 백열이 날 정도였다. 하나님을 오랫동안 모셨지만 그렇게 화가 난 모습은 처음이었다. 갑자기, 천사들 사이에서 공포의 외마디 비명이 들렸다.

주 하나님이 사라지신 것이다.

그들은 그분이 무슨 일을 했는지 금방 알아차렸다. 크게 놀란 마음은 진정시킬 수가 없었다.

때때로 그들은 주님이 왜 짝이 없는지 의아했다. 천사나 타락한 사람이 그분의 신부가 될 수 없는 것은 분명했다. 다시는 창조하지 않겠다고 약속했으니 짝을 새로 만들 수도 없었다.

그분은 불가사의의 하나님이었지만 이번 사건의 이유가 분명 짝과 관련된 것임은 그들도 어느 정도 알 수 있었다.

경악한 천사들을 향해, 가브리엘이 손을 들고 선언했다.

온 우주가
알게 되리라.
가장 위대한
역사적 순간을.
주 하나님께서
스스로
여자의 태에 들어가
사람의 몸을 입고
탄생하시리라.

순간 하늘에는 정적이 감돌았다. 가브리엘이 한 말의 의미는 천사들의 이해를 초월하는 것이었다.

하나님 안에 도대체 무엇이 있기에 자신을 그렇게 만들었을까? 타락한 사람의 육체를 입은…… 하나님? 사람이 바퀴벌레가 되었다는 말이 차라리 더 그럴 듯했다.

왜? 모두들 입 밖으로 꺼내지 못하고 속으로 끙끙 앓는 질문이었다.

"짝 때문이야." 그들이 생각한 답이었다.

"어떻게?" 하나같이 궁금한 질문이었다.

"알 수 없지." 그들의 최종 결론이었다.

타락한 인류에서 신부를 찾으신다? 호세아의 신부처럼? 그게 가능할까? 거룩하신 하나님께서? 아마 구원하실 방법을 찾으시겠지? 그렇지만 한번 타락한 이상 무슨 수로 주님의 신부가 될 만큼 구원받을 수 있을까?

그러나 이런 것이 있었다. 그분이 정말 여자의 태를 통해 태어난다면 그분은…… 눈에 보이는 하나님이 될 것이다. 그리고 그분이 땅의 거주민의 일원이 된다면 모든 생물이 짝이 있는 세계에 살게 될 것이다.

틀림없이, 천사들은 모르지만 그분만 알고 있는 것이 있을 것이다. 그들의 이해를 초월했기 때문에 접근할 수 없는 차원의 진리가 있었다.

　그분이 태어난 곳이 왕궁이 아니라 헛간이라는 사실을 알았을 때 천사들의 무지는 더욱 명백하게 드러났다.

3부

25

 소년은 반쯤 열린 문틈으로 고개를 내밀고 비지땀을 흘리며 부서진 가구를 바쁘게 수리하는 청년을 쳐다보았다.
 "형, 그 광야 선지자 이야기 들었어?"
 "아니," 젊은 목수가 상냥하게 대답했다. "요즘에는 여기서 일만 했어. 그것도 보다시피 혼자서."
 "응. 요셉 아저씨가 정말 보고 싶어." 소년은 조용하고 서운한 목소리로 말했다. "어쨌든, 난 그 광야 선지자의 말을 들으러 갈 건데 형도 같이 갈래?"
 "그러자." 목수는 손질이 끝난 가구를 옆으로 치웠다. "그렇게 소문이 자자한 선지자를 이제 한번 만나 봐야지."

"그럼 거기서 만나, 형." 소년은 문을 닫았다. 잠시 후 문이 다시 열렸다. 문 사이로 소년의 얼굴이 다시 빠끔 삐져나왔다.

"그 선지자, 형이랑 친척이지, 그렇지?"

"응, 사촌이야."

"이야, 정말 뿌듯하겠다!" 소년은 감탄했다.

"아주 많이. 아주, 아주 많이 뿌듯하지."

문이 닫혔다. 젊은 목수는 작업실을 천천히 둘러보았다. 그리고 망설이는 듯 망치며, 정이며, 각종 연장을 챙겼다. 그는 선반 위에 두 손을 모으고 고개를 숙였다.

"제 안에는 언제나 불같은 하나님의 사랑이 식지 않고 타올랐습니다. 이제 거기에 청년이 가진 사랑의 열정이 더해졌습니다. 그 사랑이 이 땅의 구원으로 절 이끕니다."

목수는 잠시 눈을 감고, 멀리 떨어진 어떤 세계로부터 미지의 힘을 공급받았다. 그는 우뚝 일어서서 문을 열고 흙먼지가 날리는 거리로 나섰다. 그는 가게 문을 단단히 걸어 잠그고 돌아서서는 큰 소리로 말했다.

"자, 요한, 우리가 만날 때가 됐다. 이제 나에게 그를 소개시켜 다오."

26

광야는 불덩이처럼 타올랐다. 뜨거운 햇살은 태양의 눈마저 멀게 만들 정도였다. 그렇지만 눈이 닿는 데까지 사방에 사람들이 가득했다. 눈을 감고 서 있는 사람도 있고, 무릎을 꿇고 앉아 있는 사람도 더러 있었다. 눈물을 흘리는 사람이 많았다. 그러나 가만히 넋을 잃고 구경만 하는 사람도 있었다. 모두 하나같이 뜨거운 태양은 아랑곳하지 않고 높이 솟은 중앙 바위 위에서 열변을 토하고 있는 젊은 선지자에게 집중했다. 그의 목소리는 은빛 나팔처럼 우렁차게 퍼졌고 사방을 바라보며 말하는 불같은 그의 시선은 모든 이의 눈을 사로잡았다.

한순간 그가 말을 더듬었다. 군중의 저쪽 끝에서 뭔가를 본 것 같았다. 간절한 열망 탓에 헛것을 본 모양이라고 생각하며 그는 하던 말을 이어갔다. 그러나 다시 한 번, 빛이 비쳤다. 군중들 뒤쪽으로, 확연히 알아보기에는 너무 멀었지만, 자연적인 현상은 아니었다. 광야의 선지자는 입을 다물었다. 그는 다른 사람이 볼 수 없는 것을 볼 수 있는 능력이 있었다. 그가 보게 되리라고 주님께서 말씀하신 것, 그는 그것을 보았다.

빛이 움직였다. 그가 서 있는 바위산 쪽으로 오고 있었다. 무언가, 혹은 누군가 있었다. 그리고 그 위에 하나님의 영광이 임했다.

군중은 동요하면서 세례 요한이 뚫어지게 쳐다보고 있는 방향으로 고개를 돌렸다. 순식간에 그 남자는, 작은 공터에 모습을 드러내었다. 그와 동시에 요한이 외쳤다.

보라!

모든 사람의 시선이 돌아갔다. 젊은 청년의 얼굴을 다시 본 세례 요한의 얼굴에 충격이 휩쓸고 지나갔다.

하나님께서
하신 일을 보라!
내 소꿉동무,
내 일가,
마리아의 아들이구나!

마음에 타는 열정과 결단을 담아, 세례 요한은 우렁차게 선포했다.

보라,
하나님의 어린양이다!

두 남자는 서로 다가가 끌어안았다. 팔을 풀지 않은 채 젊은 목수는 강으로 걸어 들어갔다.
"자, 요한, 오늘 여기서 우리가 함께 해야 할 일이 있어."
"그게 무엇입니까?" 요한이 물었다.
"모든 의를 이루어야지." 목수는 수심이 깊은 곳으로 들어가며 말했다.

27

궁금한 군중이 물었다. "저 남자는 누구요?"

다른 것이 궁금한 사람도 있었다. "선지자 요한이여, 무슨 말입니까? 당신이 메시야가 아닙니까?"

요한의 맞은편에는 가장 열정적인 젊은 제자 두 사람이 서 있었다. 그들의 시선은 금세 군중 속으로 사라진 청년을 계속 찾고 있었다.

한 제자가 공손히 부탁했다. "요한 선생님, 방금 무슨 일이 있었는지 말씀해 주셔야 할 듯합니다."

세례 요한이 외쳤다. "아니오! 나는 메시야가 아니오! 그럼, 나는 누구요? 나는 신랑의 친구요! 나는 신랑을……," 그는 중간에 말을 멈추고 오른손을 들어 사방에 있는 군중을 가리키며 말했다. "그의 신부에게 소개시켜 주려고 왔소!"

이 말을 듣는 순간, 두 젊은 제자는—죽을 때까지 세례 요한의 제자로 남겠노라 다짐했던 그들이—제 발로 나사렛 청년을 좇으려고 군중 속으로 뛰어들었다. 그들은 몰랐다. 사람이 하나님을 찾았던 에덴동산 이후, 처음으로 용기 있게 마주 보고 말을 붙이려고 그들이 하나님을 찾았다는 사실을.

28

 내주하는 성령이 그를 황무지로 내몰았다. 마을도 유목민도 물도 전혀 없는 곳으로, 태양이 이글거리고 모래는 뜨거워 탈진할 수밖에 없는 곳으로 그를 데리고 갔다.

 "여기가 그녀가 유혹당한 곳이다." 끝없이 펼쳐진 모래 언덕을 바라보며 그가 중얼거렸다.

 "그녀는 여기서 나와 함께 살았다. 나는 그녀에게 모든 것을 마련해 주었지만 그녀는 떡 한 조각에 나를 버렸다. 나를 시험하고…… 자극하고 심지어 맞서기까지 했지. 보이지 않는 하나님을 예배하는 가장 위대한 임무를 버리고 금송아지 앞에 절하기를 택했어."

좀 더 잘 보이는 곳으로 가고 싶었지만 이미 40일간의 금식으로 몸을 가누기가 여간 힘든 게 아니었다. 젊은 목수는 다리에 힘을 잃고 뜨거운 모래 위에 쓰러졌다.

잠시 후 정신이 버쩍 든 그는 후들거리는 다리를 진정시키며 안간힘을 쓰고 일어섰다.

"누군가 있다. 가까이에! 이렇게 황량한 곳까지, 누굴까?"

멀리서 아른아른 비취는 아름다운 광채가 보였다. 분명히 그를 향해 다가오고 있었다. 큰 바위와 모래 위로 미끄러지듯 부드럽게…… 땅위를 기어 다니는 뱀과 같이, 그 빛이 가까이 다가왔다.

"그놈이다!" 목수가 소리쳤다. 그는 몸의 균형을 잡고 빛나는 물체를 향해 거침없이 달려갔다. 둘 사이의 간격이 급속히 가까워졌다. 그들은 갑자기 멈춰 섰다. 로마의 검투사마냥 빙빙 원을 그리며 상대를 탐색했다.

'이 자가 우리 조상 아담을 찾아왔던 그놈이구나!' 목수는 눈앞에 있는 아름다운 피조물을 머리끝에서 발끝까지 유심히 살피면서 생각했다.

"그래, 이것이 하나님…… 사람이 된 하나님이란 말이지."

그를 맞선 자는 가증스런 웃음을 감추지 못하고 혼잣말처럼 내뱉었다. "눈에 보이는 하나님! 무소부재하지 못한 하나님! 시간과 공간, 3차원에 갇힌 하나님! 내 구역에 있는 하나님! 부서지기 쉬운 피와 뼈와 살 안에 들어간 하나님! 공격할 수 있는 하나님!"

"죽일 수 있는 하나님!" 그는 핏대를 세우고 외쳤다.

원수는 이렇게 사악하고 놀라운 기회가 생길 줄은 꿈에도 생각하지 못했다!

마침내 타락한 천사장이 입을 열었다. 땅의 모든 아름다움이 서린 듯 매혹적인 음성이었다.

"흠," 그는 노래했다. "하나님의 아들이라고 주장하는 자로군."

"나는 나사렛 예수다. 직업은 목수이고 여자에게서 태어났다."

"네가 하나님의 아들이 아니란 말이냐?" 어른어른 빛나는 자가 물었다. 이렇게 말하며 빛의 천사는 몸을 숙여 크게 부드러운 돌을 집어 들었다.

"배가 고픈 게로구나! 죽을 만큼 약해졌어!" 안쓰럽다는 듯 말하던 그는 마지막 말은 내뱉다시피 했다. "네가 하나님의 아들이거든, 자! 이 돌을 떡으로 만들어 먹어라!"

젊은 목수는 그 돌을 한참 노려보았다.

'사람이 미혹하는 자에게 받는 유혹이 이런 것이구나. 내가 창조한 아담이 그날 동산에서 이런 기분을 느꼈구나. 아, 이제 내가 여기서, 이스라엘이 광야에서 받았던 유혹과 똑같은 유혹을 받는구나…… 이런, 그것도 바로 같은 장소에서!'

돌을 바라보는 청년은 복통을 느꼈다. 다리에는 경련이 다시 일었다. 잠시 후, 그는 고개를 들고, 앞에서 기다리는 천사의 눈을 똑바로 쳐다보면서 마음이 흔들리는 것을 느꼈다. 그는 지금 유혹을 느끼고 있었다. 그는 가슴 깊숙한 곳에서 먼 옛날, 구약 시대를 떠올리기 시작했다. 자신이 한 말이 다시 들려왔다! 그의 영혼에서 터져 나온 힘이 온몸을 사로잡았다!

"루시퍼야! 잊었느냐? 누가 그것을 기록했더냐? 바로 나다! '사람이 떡으로만 살 것이 아니니라.' 사람은……, 그는……!" 목수는 자신의 가슴에 손을 대고 말했다. "하나님의 입으로 나오는 모든 말씀으로 살 것이니라!"

순간 천사의 얼굴은 분노로 실룩거렸다. 그러나 그는 곧 부드러운 미소를 지으며 손을 들었다. 갑자기 장면이 바뀌었다. 그들은 성전의 가장 높은 첨탑 꼭대기에 서 있었다. 목수는 가장자리에 걸려 위태롭게 몸의 균형을 잡았다.

"만약 네가 하나님의 아들이거든, 뛰어내려라…… 여기서! 하나님이 자기 사자들을 명해 너를 보호할 것이라는 기록을 잘 알고 있겠지? 그들이 네 발이 돌에 부딪히지 않게 할 것이다." 그는 계속 달콤한 말로 속삭였다. "천사들이 너를 받들 것이다."

목수는 까마득한 높이에 현기증이 났다. 형편없이 쇠약해진 그의 골격이 무너져 내리려는 찰나, 그와 동시에 보이지 않는 세계가 그의 눈앞에 열렸다. 실재였다. 그는 볼 수 있었다. 그의 힘없는 말 한 마디면 곧바로 칼을 빼들고 돌격할 천군 천사들이 나타났다.

그의 마음은 다시 이스라엘에게로 달려갔다. 그는 이스라엘을 보살폈지만 이스라엘은 그를 자주 의심했다. 다시, 그의 가장 깊은 내면에서 그 자신이 했던 말이 솟아나왔다. 무릎에 힘이 들어갔다. 당당하게, 그리고 담담하게, 그가 돌아섰다.

"루시퍼야, 잊었느냐? 내가 친히 그 말씀을 기록했다. '주 너의 하나님을 시험치 말라.'"

천사장은 확신에 찬 목수의 말을 듣고 당황했다. 순간, 오랫동안 하나님을 경배하는 데 익숙했던 그의 무릎이 휘청거렸다. 그러나 그의 광기는 온전한 정신을 용납하지 않았다. 그는 다시 손을 들었다.

주위가 다시 바뀌었다.

그들은 온 세상이 내려다보이는 어느 높은 산 위에 있었다. 그들의 발아래에는 과거에 흥왕했던 위대한 왕국들이 빛나는 화관을 쓰고 있었고, 그 곁으로는 현재의 왕국들이 있었다. 그 너머로, 다가올 미지의 왕국들이 눈앞에 선명하게 펼쳐졌다. 영광스런 왕국, 막강한 왕국, 영예로 빛나는 왕국들이 보였다.

"네가 온 이유를 나는 안다." 천사는 쉭쉭거리는 뱀 소리를 내며 말했다. "넌 세상을 통치하려고 왔지! 온 땅을 다스리려고 오지 않았느냐? 그렇다면 내가 네 일을 간단하게 만들어 주마. 과거, 현재, 미래를 막론하고 온 땅의 모든 왕국이 오직 내 것이란 사실을 알고 있겠지? 모든 정권은 다 내 것이다!" 천사는 상대방에게 할 말이라도 있냐는 듯 기다렸다.

목수는 응수하지 않았다. 그의 말이 사실이었다. 천사가 바싹 다가왔다. 그의 목소리는 하늘에서 울리는 종소리처럼 들렸다.

"내가 이 왕국을 네게 주겠다. 모든 왕국을! 네가 다스려라. 온 땅도 네게 주겠다! 나는 내 것을, 내 마음에 드는 자에게…… 줄 수 있다."

목수는 여전히 천사의 말에 대꾸하지 않았다.

"내가 모든 왕국을…… 네게 주겠다. 너는 한 가지만 하면

된다. 단 한 가지만. 지금 여기서…… 엎드려…… 나를 경배하여라!"

그는 다시 왕국들을 보았다. 온몸의 모든 근육이 아팠다. 말로 형용할 수 없을 정도로 지쳤고, 피곤했다. 지독하게 피곤했다. 그가 수행할 사명은 지독하게 피곤하고, 지독하게 힘들어 보였다. 순간, 그가 치러야 할 대가가 너무 크다는 생각이 들었다.

그러나 청년은 다시 아랫배에 힘을 줬다. 오래전에 이스라엘에게 한 말이 그의 폐부에서 울려나오기 시작했다.

물러가라, 사탄아!
기록되었으되
"주 너의 하나님께 경배하라!
그를 섬기라…… 오직 그만 섬기라!"

천사는 청년의 굳센 의지에 놀라 몸을 떨었다. 갑자기 그의 몸에 경련이 일어나고, 얼굴이 일그러지더니, 몸에서 나던 빛이 어두워졌다. 그러나 그는 천천히 다시 힘을 모았다. 어두웠던 빛이 한 번 더 밝아졌다.

"내 지금은 그냥 가지만…… 두고 보자."

다음 순간, 타락한 천사는 사라지고 선택받은 천사의 무리가 나타났다. 그러나 그들의 주님은 돌무더기 위에 쓰러졌다.

한동안 천사들의 보살핌을 받고서, 위태할 정도로 약해진 사람이 눈을 떴다. 거친 얼굴 위로 환한 미소가 피어올랐다. 갈라진 입술이 움직였다.

보았느냐?
보았느냐!

천사들은 어쩔 줄 몰라 고개를 끄덕였다.
"보았느냐!" 그는 거듭 외쳤다. 그는 애써 자리에서 일어났다. "내가 이겼다! 에덴동산과 이스라엘의 반복된 운명이 오늘 여기서 끝났다. 그날은 동산에서 사람이 졌지만 오늘은 사탄이 졌다. 그가 사람에게 졌다! 내가 하나님으로서 그를 이긴 게 아니다. 내가…… 사람으로서 그를 이겼다! 한때 그가 사람을 속였던 사실만큼이나 분명하게, 오늘 그가…… 사람에게…… 지고 말았다!"

목수는 비틀거리며 바위에 몸을 기댔다. 처음 보는 주님의 허약한 모습에 천사들은 뒤로 한걸음 물러났다. 나사렛 청년이 바위에 몸을 기대고 별과 달이 은은하게 비취는 밤하늘을 향해 큰 소리로 외쳤다.

"내가 이겼노라. 나사렛 예수가 그를 이겼노라."

이제 두 발로 꼿꼿하게 선 그는 천상을 향해 다시 외쳤다.

머지않아—
그래, 이제 곧—
금방이야!

29

"결혼식에 가시려고요?"

"그래, 가나에서 열리는 결혼식에 가야겠다." 어머니가 대답했다. "내 친구 아이들 결혼식이란다. 너도 꼭 데리고 오라는구나."

"결혼식이라……" 그는 천천히 되뇌었다. "예. 생각해 보겠습니다. 결국 제가 온 이유도……." 그는 말을 멈췄지만 어머니는 이해했다.

그날 저녁 약속한 시간에 마리아는 혼자 결혼식장으로 떠났다. 아들은 자기를 따르는 소수의 제자들과 한창 토론 중이었다.

늦은 저녁, 그는 어머니가 먼저 가 있는 작은 마을을 향해 길을 나섰다. 그는 좁은 거리를 걸으며 하루 일과를 마치고 집으로 돌아가는 사람들을 유심히 살폈다. 집집마다 들려오는 사람들의 대화에 귀를 기울였다. 삐걱거리는 바퀴 소리를 내며 시장에서 돌아오는 수레를 보았다. 모두들 너무 지쳐 보였다. 그들의 얼굴에서 공허감이 진하게 배어 나왔다. 어느 곳에서도 기쁨을 찾을 수 없었다. 그의 눈에는 모든 것이 활력을 잃어버린 듯 보였다.

잔치 소리가 들렸다. '결혼식. 거긴 기쁨이 넘치겠지.' 그는 발걸음을 재촉했다.

매우 늦은 시각, 눈에 잘 띄지 않게, 젊은 목수는 뒷마당에 난 작은 쪽문으로 들어섰다. 사람들이 많이 모여 있는 연회장에서 멀리 떨어진, 잘 드러나지 않는 곳에 자리를 잡고 유별난 관심을 보이며 잔치를 관찰했다.

중앙에는 상다리가 부러질 정도로 맛있는 음식이 가득한 커다란 잔칫상이 마련되어 있었다. 매우 젊은 신랑과 아주 아름다운 신부가 보였다. 한눈에 보아도 두 사람은 사랑에 푹 빠진 얼굴이었다. 그리고 정말 연회 분위기는 흥겨웠다.

마리아는 신랑 신부와 이야기를 나누고 있었다. 대화를 마친 어머니가 자리를 비키려는 찰나, 그는 신랑이 걱정스런 얼굴의 하인 두 사람과 귓속말을 나누는 것을 보았다.

'이런 것이군. 수많은 사람과 아름다운 신부와 신랑, 그리고 포도주. 나도 이렇게……'

그의 마음속 깊은 곳에 각인된 장면이 그의 생각을 흩어 버렸다. 그는 다시 연회로 시선을 돌려 잔치에 초대된 손님들을 보았다. 신의 눈동자는 사람들로 가득한 연회장보다 더 큰 그림을 보기 시작했다. 잔치에 초대된 많은 사람들, 그러나 그들은 타락한 인류 전체였다. 수심 가득한 얼굴, 피곤에 절은 목소리는 그들의 마음 상태를 보여 주었다. 생명력이 보이지 않았다. 젊은 목수는 한숨을 깊이 내쉬었다. 내면의 눈으로 목격한 우울한 모습 때문에 마음이 멍들기 시작했다.

어느 순간 정답고 익숙한 음성이 세상으로 돌아오라고 부르는 것 같았다. 그는 온 세상과 마을 결혼식을 동시에 보고 있었다. 매우 달랐지만 아주 비슷했다.

"포도주가 떨어졌다는구나!" 그 음성이 다시 들렸다.

어머니였다.

"예, 알고 있습니다." 두 가지 모습을 동시에 본 그는 얼굴에 슬픔이 번졌고 어머니의 마을은 문제의 핵심을 짚었다.

마리아는 아들의 영과 마음이 하늘과 땅 사이에서 만나

는 때를 잘 알고 있었다. 그녀는 잠시 침묵을 지킨 다음 부드럽게 다시 말했다. "포도주가 떨어졌다는구나."

그는 고개를 돌려 어머니를 바라보았다. 그의 눈가에는 여전히 슬픈 세상의 모습이 지워지지 않았다. 구원의 기쁨을 간절히 바라는…… 세상의 모습이.

"여자여, 나와 무슨 상관이 있습니까? 아직 때가 아닙니다!"

"안다." 그녀는 아들을 안심시켰다. "하지만, 지금, 이 결혼식에 포도주가 떨어졌다는구나!" 그녀는 말을 마치고 다른 곳으로 갔다. 그 바람에 그녀는 아들의 얼굴에 엷게 번지는 부드러운 미소를 놓쳤다. 마리아는 연회장을 가로질러 어쩔 줄 모르고 서 있는 두 하인과 신랑에게 다가갔다. "포도주가 떨어진 모양인데, 그렇지요?"

"예, 맞습니다. 게다가 온 동네를 샅샅이 뒤져도 술을 구할 수가 없습니다. 온 세상에 포도주란 포도주는 모조리 떨어진 것 같습니다."

"그럼, 이렇게 하시죠. 여보게들, 저기 제일 뒤쪽 구석에 앉아 있는 청년이 보이는가?"

한 하인의 얼굴이 창백해졌다. "아, 세상에…… 저 사람이 온 줄은 몰랐습니다. 선지자로 변신한 목수잖아요. 세상에!"

"그에게 가게. 그가 뭐라고 하든지 그대로 따르게나!"

두 하인은 어리둥절한 표정을 지으며 서로 쳐다보았다. 어쩔 수 없다는 듯, 한 하인이 어깨를 으쓱하자 두 사람은 조심스럽게 연회장을 지나 그에게 다가갔다.

"저, 선생님. 포도주…… 포도주가 떨어졌습니다."

"알고 있다. 아주 오래전에 포도주가 바닥이 났더구나."

두 하인은 깜짝 놀라며 서로 쳐다보았다.

"선생님, 어떻게 하면 좋겠습니까? 오랜 관습에 따라 마지막 상에는 술을 올려야 합니다."

"그래, 아주 좋은 관습이지. 새 포도주가 필요하구나. 마지막까지 아껴 둔 가장 좋은 포도주가! 저기 있는 돌 항아리 여섯 개가 보이느냐?"

"예, 선생님. 하지만 저 항아리는 쓸 수가 없습니다. 저 항아리는 죽은 자를 위한 결례에 사용되는 항아리입니다."

"가서, 저 항아리에 물을 채운 뒤 주인에게 갖다 주어라. 그가 할 일을 알려 줄 것이다."

두 하인은 발걸음을 떼지 못하고 그를 멀뚱멀뚱 쳐다보았다. "예……?"

"어서 가거라."

"예, 선생님."

돌아가는 길에 한 하인이 큰 소리로 말했다. "죽음의 항아리에서 도대체 뭐가 나오길 기대하는 거야?"

 젊은 목수는 오랫동안 지켜보았다. 그의 마음과 정신은 깊은 생각에 빠졌다. 결혼 계획을 세우는 여느 젊은이와 다를 바 없는 생각이었다.

 잔치는 파장 분위기로 치달았다. 그러나 새로운 활력, 낯선 기쁨이 연회장을 물들이기 시작했다. 잔치 분위기는 다시 고조되기 시작했다. 이상할 것도 없었다. 어쨌거나 30말이 넘는 맛있는 새 포도주가 생기지 않았는가!

 나사렛 목수는 사람들의 눈을 피해 연회장을 몰래 빠져나와 가나의 밤거리를 다시 걸었다. 대문 앞에서 집주인이 손님들과 작별 인사를 나누고 있었다. 그는 잠시 걸음을 멈추고 들려오는 이야기에 귀를 기울였다.

 "내 평생 한 번도, 한 번도 이런 일이 없었습니다! 항상 전에는 신랑이 끝까지 기다렸다가 제일 맛없는 포도주를 내놓았어요! 내가 장담하는데, 전부 다 형편없었어요. 그런데 오늘밤—아, 오늘밤! 마지막에—내가 마지막을 강조하지만—신랑이 꺼낸 포도주처럼 맛있는 술은 처음입니다." 그는 크게 웃고 나서 다시 말했다. "창조의 동이 튼 이래, 오늘처럼 맛있는 술은 없었을 겁니다."

"정말 굉장하지 않습니까? 마지막에 나오는 최고의 포도주라. 정말 멋진 생각입니다!"

30

"처음 그를 만났을 때 그가 뭐라고 했는지 아는가?" 그 레위인이 동료 유다에게 물었다. 두 사람은 군중을 따라 천천히 길을 걷고 있었다.

"나는 자리에 앉아 세금을 걷고 있었네. 아냐, 그게 아냐. 정확히 말하자면 내가 하는 일이 그리 바쁜 일은 아니거든. 그래서 그날도 그걸 외우고 있었지!"

"그거라니?" 유다가 물었다.

"목록 말일세. 그런 목록이 수십 개는 되는데 그걸 다 외우고 다녔다네. 대부분 율법이지. 왜 자네도 알잖는가? 이건 하고, 저건 하지 마라. 이건 죄고, 저건 죄가 아니다. 이건 옳고, 저건 그르다 등등! 난 큰 뜻을 품었었다고. 아, 얼마나 원대한 포부였던지! 유대교의 모든 율법에 통달하는 것이었네. 알아야 할 모든 율법을 환히 꿰뚫고 그것을 모두 지키려 했었네!"

마태는 밝게 웃었다.

"어쨌든, 내가 거기 앉아 있는데 사람들이…… 여기 모인 사람들처럼 떼로 몰려오는 거야. 사람이 워낙 많이 모이니까 무슨 일인지 궁금할 수밖에. 아, 그런데, 그분이었던 게야! 나는 눈을 뗄 수가 없었어. 그리고 내가 있는 곳으로 걸어오시더니 날 뚫어져라 쳐다보시고는 이렇게 말씀하시는 거야."

마태야,
너의 율법을 내가 완성하겠다.
내가 율법을 없앨 것이다.
이제, 나를 따라오너라.

마태는 다시 웃었다. "나는 이제 새로운 것을 외운다네."
"그래? 뭔가?" 친구는 놀라며 물었다.
"그가 성취하겠다, 없애겠다, 폐지하겠다, 취소하겠다, 낮추겠다, 결정을 짓겠다, 파기하겠다고 말씀하신 것을 다 적어

두고 외운다네! 거의 매일 새로운 것이 추가되지."

유다가 미소를 지으며 물었다. "그 목록이 어떤 건지 굉장히 궁금하군. 그걸 목록이라고 불러도 괜찮은 건가? 내가 듣기에는 심판의 날을 부르는 서책 같네만."

"글쎄, 두고 볼 일이야." 마태는 대화에 몰입했다. "지금까지 말소될 것만 해도 율법, 규례, 사탄(입에 담을 이름은 아니지만)과 타락한 천사들, 귀신, 제국, 세상의 제도가 있다네. 더 들어 보게나. 보이는 세계와 보이지 않는 세계도 마찬가지라네. 내가 이해한 바로는…… 그게…… 우주 전체를 말하는 것 같았네. 그리고 안식일, 축일, 제사, 성전, 성례, 죄, 창조, 그리고……"

두 사람은 동작을 멈췄다. 주위 사람들도 마찬가지였다. 앞쪽에서 길이 막힌 것 같았다. 길을 막은 것이 무엇인지는 몰라도 젊은 목수가 그것에 특별한 관심을 보이고 있었다.

"이보게, 마태, 저 표정 좀 보게나. 흔하지 않지만 저런 표정을 몇 번 본 적이 있어. 전부 기억한다네. 내 추측이 맞는다면 오늘 자네가 암기할 목록에 새로운 것이 추가될 걸세."

31

 나인성 밖으로 긴 장례 행렬이 이어졌다. 사람들은 애도하고 통곡하며 장지로 가고 있었다. 그 광경을 보자마자 목수는 갑자기 걸음을 멈췄다. 쿵쿵대는 북소리, 시끄러운 소리를 내며 부딪치는 막대기 소리, 돈을 받고 곡을 해 주는 사람들의 울음소리에 넋이 나간 표정이었다. 아니, 그의 시선을 잡아끈 것은 시끄러운 장례 행렬이 아닐 수도 있었다. 혹시, 사람의 눈에는 보이지 않는 것 때문이었을까?
 행렬에는 미망인인 듯한 한 여인과, 그 뒤로 장정 네 사람이 죽은 소년이 누운 관을 어깨에 짊어지고 있었다. 이들이 전부였을까?

아니었다. 누군가. 보이지 않는 세계를 볼 수 있는 눈으로만 발견할 수 있는 다른 존재가 있었다. 그는 볼 수 있었다. 처음에는 호기심이 발동했지만 결국 분노가 머리끝까지 치밀어 올랐다.

관 위에는 음침하고 무시무시한 죽음의 천사가 서 있었다. 그는 마치 소년이 자기 소유물인 양 싸늘한 손으로 그를 단단히 움켜쥐었다.

목수가 하늘을 향해 손을 들자 시간이 멈췄다. 목수와 죽음의 천사만이 영적인 세계에 남겨졌다. 나사렛 청년의 분노는 거의 광기로 변했다. 그는 어둠의 천사를 향해 돌진했다.

"너!" 죽음이 얼어붙은 채 소리 질렀다.

목수는 그의 기괴하고 추악한 모습에 천천히 고개를 저었다. 그는 한숨을 쉬며 속으로 생각했다.

어린양을 만든 내가
널 만들었다니,
믿을 수가 없구나.

"초면은 아니구나." 큰 소리로 말하는 목수의 음성에는 위협이 서려 있었다.

"그렇지." 괄괄한 소리로 죽음이 대답했다. "그날 밤, 넌 내 일을 방해하고 내 권리를 빼앗았지. 아, 그러나, 하나님의 아들아! 오늘, 넌 이미 늦었어. 봐라! 이놈은 벌써 내 것이다. 그가 있을 곳은 내 영토 안…… 아무도 내 영토에 들어올 수 없다. 그 누구도." 어둠의 천사가 울부짖듯 고함쳤다. "이제 권능도, 희망도, 꿈도, 기도도, 어떤 것도 그를 데려갈 수 없다! 이집트의 유월절 첫날밤과는 전혀 달라. 이번에는 너무 늦었어!"

죽음은 싸늘하게 노려보며 말했지만 맹렬한 분노로 화염같이 타오르는 눈빛 앞에서 이미 자신감을 잃었다. 그의 진노의 기세 앞에 죽음조차 부들부들 떨었다.

목수는 이를 악물고 대답했다. "불사의 죽음아, 아직 네가 모르는 게 많다."

청년이 다시 손을 들자 멈췄던 시간이 움직이기 시작했다. 목수는 서둘러 길 중앙으로 걸어갔다. 장례 행렬이 갑작스레 멎었다. 영문을 모르는 네 남자는 관을 바닥에 내려놓았다. 분노로 활활 타오르는 한 남자의 등장에 모든 사람의 동작과 생각이 얼어붙었다.

목수는 소년 옆에 무릎을 꿇었다. 그가 소년을 향해 손을 뻗자 과부가 울음을 터뜨렸다. "주님, 그 아이에게 손대지 마십시오. 죽은 자를 만져서는 안 됩니다. 이는 불경한 일로 율법이 금한 일입니다."

청년은 고개를 들고 어둠의 천사를 노려보며 대답했다. "죽은 자라니? 누가 죽었단 말이냐?"

죽음의 천사는 냉소를 머금고 허리를 굽혀 소년을 더욱 단단히 움켜잡았다.

한쪽 무릎을 꿇고 앉은 목수는 조금도 요동하지 않고 소년을 향해 부드럽게 손을 뻗었다. 그러나 그의 손이 소년의 손이 아니라 죽음의 손에 닿자 어둠의 천사는 놀라서 비명을 질렀다. 그는 부글부글 타면서 거품이 일고 있는 손을 쥐어뜯으며 몸부림쳤다. 군중은 두려움과 환희가 뒤범벅이 된 감탄을 내질렀다. 소년이 눈을 깜빡이며 관에서 일어났다.

혼란스런 환희가 군중을 지배하고 있을 때, 젊은 목수는 재빨리 길 아래로 내려가, 아젤이라고 하는 검고 흉측한 피조물을 가로 막았다.

"멈춰라!" 주님이 포효하듯 큰 소리로 외쳤다. 그는 시간을 벗어나 다시 보이지 않는 세계로 들어갔다.

에덴동산의 그 끔찍한 날 이후, 모든 창조 세계에 풀려난 이후, 처음으로 죽음의 천사는 타인의 명령에 복종했다.

"죽음아! 이 망할 죽음아." 주님은 거의 자제력을 잃고 호통을 쳤다. "내 말을 들어라. 죽음아! 이 망할…… 저주 받아 죽을…… 죽음아! 내 신부보다 먼저 돌아다닌…… 너, 아젤아…… 너, 죽음아…… 너는 죽을 것이다!"

젊은 목수는 되돌아갔다. 조금 전까지만 해도 분노로 불타올랐던 그의 얼굴은 이제 승자의 얼굴에서 비춰는 청명한 광채가 흘러나왔다.

"이보게, 마태."

"그래, 알겠네. 유다." 레위인은 대답하면서 호주머니를 뒤졌다. "내가 수첩을 어디에 뒀지?"

32

 무척 긴 하루를 보낸 목수는 매우 피곤했다. 서둘지 않으면 그를 위해 열리는 잔치에 늦을 판이었다. 그러나 사방에서 밀려드는 사람들 틈을 빠져나가기가 여의치 않았다.

 군중이 내는 시끄러운 소음 위로 날카로운 소리가 들렸다. 흔히 들을 수 없는 소리였다.

 다시 침통하게 울부짖는 소리가 길게 울려 퍼졌다. 일시에 정적이 감돌았고 사람들은 으스스한 소리가 어디서 나는지 여기저기 고개를 돌려 살폈다. 용맹한 장수도 무서워 칼을 놓고 달아날 만큼 음산한 지옥의 노랫소리였다. 어린아이들은 줄행랑을 쳤고 어른들은 귀를 막았다. 겉옷을 손에 쥐고 몸을 바싹 감싸는 사람도 있었다.

젊은 목수는 즉시 뒤돌아서서 인파를 헤치고 소름끼치는 통곡 소리가 들리는 곳으로 나아갔다. 그의 행보에 사람들은 길을 비켰다. 한쪽 끝에서 악마의 노래를 부르는 기괴한 여자의 모습이 나타났다.

갑자기 여자는 노래를 멈췄다. 으르렁대는 소리와 애처로운 콧소리가 섞인 부자연스런 숨소리가 거칠게 들려왔다. 산발이 된 긴 머리카락이 머리와 어깨에 칭칭 감겨 있어서 얼굴을 분간할 수 없었다.

지저분하고 헝클어진 머리카락 사이에서 동물의 발톱처럼 생긴 두 손이 튀어나왔다. 그녀가 머리를 뒤로 넘기자 일그러지고 추한 얼굴이 드러났다. 구역질과 같은 신음이 사람들의 입에서 스며 나왔다. 그녀의 얼굴은 더럽고 눈동자는 흐릿했다. 그녀는 마치 횃불을 찾아 현실로 돌아가려고 어두운 길을 밝히려는 사람처럼 태양을 쳐다보았다.

목수의 그림자가 그녀의 얼굴을 덮었다. 그녀는 강아지마냥 낑낑거리더니 몸부림을 쳤다. 분명히 어디론가 벗어나고 싶은…… 무엇인가…… 이해하려는—결국 헛수고로 끝날—몸부림이었다.

그녀의 흐릿한 눈이 목수의 눈과 마주쳤다. 그녀의 얼굴이 잠시 일그러지더니 소름이 끼칠 정도로 불쾌한 웃음이 입가에 번졌다. 울부짖는 소리가 다시 시작되었다. 이번에는 더 날카롭고 음탕한 소리였다. 음산한 가락이 잦아들었다가 높아지기를 반복했다. 사악한 승리에 축배를 돌리는 악령의 시가였다. 비참한 가락은 마치 나사렛 청년에 대한 승리를 보란 듯이 자축하는 것처럼 들렸다.

목수는 그 통곡의 의미를 알았다. 그 소리가 어디서 나는지 알았다. 그들이 나팔을 불고 기뻐서 떠드는 이유는 소녀를 묶고 있었기 때문이었다.

이 소녀는 누구일까?

바로 이스라엘의 딸—창녀의 후손이었다.

그녀의 어머니가 그랬듯이 딸도 마찬가지였다. 그녀의 어머니가 이집트와 바빌론의 죄악에 빠졌듯이 딸도 역시 자진해서 어머니의 전철을 고스란히 밟았다.

어렸을 때는 제멋대로 행동하는 고집 센 반항아였다. 욕정에 헐떡이는 남자들이 그녀의 몸만 탐닉한다는 사실을 알았을 땐 이미 권력에 취했고 남자들에 대한 쓰라린 경멸만 남아 있었다. 처음에는 몸을 거저 내줬지만 나이가 들고 아는 게 많아지자 돈을 받고 몸을 팔기 시작했다. 모멸감은 깊어만 가고 반항심은 더욱 격렬해졌지만 그녀는 죄악을 기뻐하고 창녀라는 이름에 자부심을 느꼈다. 지옥에서 나온 흑암의 세력이 조금씩 그녀의 육체 안에 똬리를 틀었다.

"예루의 딸아." 갈릴리 청년은 한숨을 쉬었다.

통곡 소리가 가라앉았다. 보이지 않는 속박에서 벗어나려는 듯 소녀는 다시 몸부림을 쳤다. 그리고 냉소를 짓더니 크게 웃었다. 갈릴리에서 온 선지자를 조롱하는 오만한 웃음이었다.

주위에 있던 모든 사람은 뭔가 깨달았다는 표정을 지었다. 소녀 안에 있는 무언가가—아니, 누군가가—이유는 모르겠지만 젊은 선지자를 놀려 대고 있었다.

나사렛 목수의 마음에서 연민, 분노, 이해가 폭발했다. 그뿐만이 아니었다. 마음에서 솟구쳐 그의 얼굴에 넘쳐나는 것은 틀림없이 사랑이었다!

이 창녀에게 무슨 특별한 것이 있기에 주님의 관심을 사로잡았을까?

신의 역사에서 뭔가 새로운 순간이 막 펼쳐지려는 찰나였다.

목수는 소녀의 얼굴을 살폈다. 거칠고 공허한 눈동자 너머를 보았다. 외로움, 고통, 흙으로 얼룩진 늙어 버린 소녀의 얼굴을 보았다. 상처, 배신감, 지금도 그녀의 심장을 움켜쥐고 있는 미쳐 버릴 것 같은 공포를 보았다. 그리고 소리 없이 도와달라고 외치는 소녀의 울부짖음을 보았다.

겉으로 드러난 공포, 냉소적인 모습, 상처, 으르렁대는 소리, 소름끼치는 웃음이 그의 눈앞을 스치듯 지나갔다. 그는 소녀 안에 있는 귀신을 보았다. 아니 일곱이었다. 어두운 곳에 묶여 풀려나길 간절히 바라는 영혼이 보였다. 그러나 그의 거룩한 눈은 더 깊은 곳을 꿰뚫어 보았다. 사람의 영혼—회색빛을 띠며 생명을 잃고 죽어 있는 그를 보았다. 사람의 영혼—모든 인류의 가슴에 있지만 천상의 세계에 속한—아담의 타락 이후 차갑게 식어버린 그가 누워 있었다.

더 깊은 곳에서 그는 다른 것을 보았다. 아리따운 소녀가 있었다. 하지만 그것이 가능할까?

그는 손을 높이 들었다.

젊은 목수는 더 이상 소녀나 군중을 보고 있지 않았다. 그의 눈은 영원을 거슬러 올라갔다. 영원 이전, 아무도 모르는, 영원을 초월한 그때로, 자신의 신성한 본체를 스스로 떼어 내 먼 훗날을 위해 따로 구별한 그 순간으로…….

그는 보았다! 맨 처음 구별해 떼어 낸 자기 본체의 일부를 보았다.

그는 손을 내렸다. 소녀의 죽은 영혼을 다시 살폈다.

이 영혼의 운명은
살아나는 것이구나—다시 한 번!
시간이 시작되기 전부터
구별된 나의 일부.
그때부터 결정되었다.
그가 장차……

소녀 안에 있던 무언가가 그의 강렬한 시선을 느꼈다. 소녀는 잠시 주춤하더니 이내 짐승처럼 날카롭게 짖어댔다. 미친 사람처럼 화를 내고 저주를 퍼부었다.

목수의 반응은 즉각적이었다. 그는 손을 뻗어 소녀를 똑바로 가리켰다. 우레와 같은 음성으로 천지가 울릴 정도로 크게 외쳤다.

그는 네 것이 아니다!
떠나라.
나와라!
지금 당장 영원토록.

어린 소녀의 몸이 뒤틀리고 눈에는 공포가 가득했다. 말할 수 없는 고통에 짓눌리는 듯 두 손으로 머리를 감싸 쥐었다. 음산한 울부짖음이 튀어나왔다. 그리고 듣는 사람의 영혼을 얼어붙게 만들 만한 비명을 지르고는 땅바닥에 쓰러졌다. 그 광경을 본 사람들은 소녀가 죽었다고 믿었다.

여자들 몇이 본능적으로, 소녀의 죽은 몸이 쓰러진 곳으로 달려갔다. 그녀의 머리를 뒤로 넘기고 그녀의 얼굴을 본 그들은 깜짝 놀랐다.

소녀는 잠들어 있었다. 고요한 평화가 그녀의 얼굴에 희미하게 감돌았다.

모두의 시선이 그녀에게 가 있는 동안 젊은 목수는 아무도 눈치 채지 못하게 슬그머니 자리를 피했다. 저녁 약속 시간이 이미 지났다.

바닥에 쓰러진 이 소녀…… 누구인가?

이 소녀는 진정 누구인가?

33

 도성에서 제일가는 부자 바리새인—지갑과 종교심이 두터운 인물. 오늘 저녁 목수를 초대한 사람이다.

 호화로운 저택 입구에 들어서니 잘 차려입은 하인이 달려나와 인사를 하고 복도를 지나 커다란 정원으로 안내했다. 맑은 밤하늘 덕분에 그리 멀지 않은 곳에 있는 성벽을 지키는 야간 경비병의 작은 탑이 보였다.

 정원 중앙에는 널찍한 양탄자가 깔려 있고 그 위로 셀 수 없을 정도로 많은 이국적인 음식이 가득 놓여 있었다. 하인들은 중요한 손님들을 지정된 좌석으로 신속하게 안내하는가 하면, 큰 쟁반에 산해진미를 가득 담아 내오느라 분주했다.

도성의 명사와 귀빈들의 모습이 심심찮게 눈에 띄었다.

젊은 선지자가 들어오자 정원 가장자리에 있던 시몬이 일어나 두 번째 상석으로 앉으라고 손짓을 했다. 주인은 작은 벨을 들고 흔들었다. 손님들은 그를 따라 바닥에 앉아 몸을 기댄 후 음식을 먹기 시작했다.

음악이 흐르고, 포도주와 웃음이 넘치는 편안한 분위기 속에 흥이 일기 시작했다. 부유한 주인과 유명한 젊은 선지자와 함께하는 유쾌한 저녁. 모든 것이 완벽했다. 식사가 끝나면 그에게 평소 궁금한 것을 물어보고 싶은 욕심도 생겼다. 그러나 정작 그런 일은 일어나지 않았다.

식사가 시작된 지 얼마 지나지 않았는데 현관에서 작은 소동이 벌어졌다. 몇 사람이 식사를 멈추고 현관을 바라보더니 이내 서로 수군대기 시작했다. 이윽고 정원은 쥐 죽은 듯이 조용해졌다. 입구에 나타난 사람은 거리의 여자였다. 백여 명이나 되는 사람들의 긴장된 숨소리가 정원을 메우고 있었다. 누군가가 외쳤다.

창녀다!

시몬은 굴욕감을 느꼈다. 거리의 여자가, 다른 곳도 아넌…… 내 집에 난입하다니. 이 손님들이 누군데. 믿을 수가 없었다.

소녀는 움직이지도 않고 한참동안 그렇게 입구에 서 있었다. 그녀가 누군지 모르는 사람은 없었다. 두려워하지도 않고 부끄러워하지도 않는 그녀의 모습에 경악하는 사람도 있었다. 그녀는 말짱해 보였다.

그들은 날카로운 지옥의 울음소리가 언제 시작될지 몰라 조바심을 냈지만 몇 사람이 보기에는 전혀 다른 사람인 것 같았다.

그동안 갈릴리의 젊은 선지자는 무심한 듯 고개도 들지 않고 식사를 계속했다.

소녀는 발걸음을 뗐다. 그녀가 누구에게 다가가는지 분명했기 때문에 정원의 긴장감은 하늘을 찌를 듯 높아졌다. 그는 정원을 가로질러 젊은 선지자의 뒤로 다가가 발치에 엎드렸다. 모두 눈을 휘둥그레 뜨고 그 광경을 지켜보았다.

어깨 너머로 고개를 돌린 청년은 그제서야 소녀의 모습을 보았다. 아주 오랫동안 모두 얼어붙은 듯 움직이는 사람이 없었다.

소녀는 겉옷에 손을 넣더니 화려한 병을 꺼냈다. 터무니없이 비싼 이국적인 향유가 틀림없었다. 그녀가 평생 모은 재

산을 팔아야 살 수 있는 것이었다. 보기 드문 우아한 자태와 기품으로 소녀는 병의 한쪽 끝을 깨뜨리고는 무릎을 꿇은 채 그에게 다가갔다. 코를 자극하는 진한 향내가 순식간에 정원에 가득 퍼졌다.

시몬은 눈을 부릅뜨고 기겁을 했다. 그는 부정한 여자가 지척에 있다는 사실과 젊은 선지자의 발치에 있다는 사실을 믿지 않으려고 애썼다. 그는 곁에 있는 고관에게 귓속말을 하는 시늉을 하면서 일부러 다른 사람이 듣도록 크게 말했다. "만약 이 사람이 정말 선지자라면 그녀가 불결한 거리의 여자라는 사실을 모를 리가 없을 테지요! 분명히 자기 몸에 손을 대지 못하게 할 겁니다."

"저 여자가 그에게 손을 대진 않겠지. 그는 하나님의 사람이잖아!"라고 크게 말하는 사람도 있었다. 소녀는 목수의 발에 귀한 향유를 붓기 시작했다. 그녀는 향유를 부으면서 하늘을 향해 고개를 들고 곧이어 손을 들었다. 뺨 위로 뜨거운 눈물이 조용하게 흘러내렸다. 눈물이 그의 발에 떨어졌고 향유와 함께 뒤범벅이 되었다.

목수는 저항도 동요도 하지 않았다.

죄인인 창녀가 향유와 눈물로 그의 발을 씻기기 시작하자 사람들은 말할 수 없는 충격으로 술렁거렸다. 여자는 고개를 숙여 애정을 담아—심지어 열정적으로—그의 발에 입을 맞추기 시작했다.

그날 밤 성벽을 지키는 야간 경비병이 큰 소리로 저녁 찬가를 외쳤다.

너희는
주 너의 하나님을
사랑하라.
너의 영혼을 다해,
너의 마음을 다해,
너의 힘을 다해.

그러나 찬양 소리가 귀에 들어오는 사람은 아무도 없었다. 귀에 들어와도 이해가 되지 않았다.

이제 소녀는 삼단같이 길고 아름다운 머리털을 단단히 묶어 수건처럼 만든 다음 그의 발을 닦기 시작했다. 소녀는 눈물을 뚝뚝 흘리면서 그의 발을 정성스레 닦았다.

오, 진정, 이 놀라운 소녀가 누구인가?

34

"시몬."

젊은 선지자는 조용히 침묵을 깨고 상대방이 쩔쩔맬 정도로 침착한 음성으로 주인을 불렀다.

"시몬, 당신은 하나님의 일에 관심이 많은 사람이오. 오늘 저녁 만찬도 나를 위해 열지 않았소?"

"예, 그렇습니다."

"내가 여기 왔을 때, 시몬, 당신은 내 뺨에 입을 맞추며 인사도 하지 않았고, 하루 종일 더러운 때가 묻은 발을 씻도록 물을 가져다주는 하인도 없었소. 그러나 당신이 악한 여자라고 부르는 여기 이 여자가 와서 내 발을 씻겼소. 물도 없이, 값비싼 향유와…… 눈물로 말이오. 게다가 입을 맞추며 물기를 닦았소.

자, 시몬 내가 질문 하나 하겠소. 왕에게 큰 빚을 진 두 사람이 있는데 하나는 액수가 아주 컸소. 왕은 두 사람의 빚을 탕감해 주었소. 어느 사람이 왕을 더 사랑할 것 같소?"

화가 나서 얼굴이 발갛게 달아오른 시몬은 당황했다. 그는 대답하는 내내 이를 악물었다.

"글쎄요, 주님, 더 큰 빚을 탕감 받은 사람이 아닐까요?"

"그렇소, 시몬."

젊은 선지자는 자리에서 일어나면서 소녀를 바라보았다. 그는 손을 내밀어 소녀를 일으켜 세웠다.

"진실로, 적게 탕감 받은 자는 적게 사랑하고, 많이 탕감 받은 자는 많이 사랑하오." 그는 하염없이 눈물을 흘리고 있는 소녀를…… 똑바로 쳐다보았다.

"네 죄가 사함 받고 깨끗해졌다. 모든 것이 흔적도 없이 사라졌다."

소녀는 눈을 들어 그를 보았다. 그의 말 한마디 한마디에 담긴 가장 깊은 뜻을 이해한다는 표정이었다.

"아이야, 이제, 가거라. 가서…… 다시는 죄를 짓지 마라."

소녀는 움직이지 않았다. 도리어 다시 무릎을 꿇었다.

"나의 주 하나님, 제가 사함 받았으니…… 다시는 죄를 짓지 않겠습니다. 그러나 절대로…… 결코…… 가진 않겠습니다."

35

 약 스무 명의 남자와 네 명의 여자가 어디든지 그를 따라다녔다. 소녀는 구원받은 날부터 물어보지도 않고 그저 제자의 무리에 합류했다. 그가 가는 곳이면 어디든 소녀도 따라갔다. 소녀는 목숨과 사랑을 아낌없이 바쳤다.

 이른 아침마다 소녀는 그를 위해 아침 식사를 준비했다. 말씀을 전하는 그의 발치에는 언제나 소녀가 있었다. 그가 길을 나서면 소녀도 함께 갔다. 스무 명의 남자들이 지나칠 정도로 질문을 많이 한다 싶으면 소녀는 조용히 그러나 단호하게 그들을 물리쳤다. 소녀는 그의 발을 씻기고 식사를 챙기고 입을 옷을 마련하고 저녁이면 침상 곁에 과일을 두었다. 스스로 "나는 생수다"라고 말하는 그도 언제나—소녀가 가져다준—시원한 물을 마셨다. 밤공기가 차가워지면 그가 묵는 집을 따뜻하게 데웠다. 햇살이 뜨거운 여름에도 소녀는 제자들과 함께 마을과 마을, 도성과 도성을 다니며 언제나 그를 따라다녔다.

그렇게 헌신하는 이유가 무엇일까?

그를 흠모해서였다. 열렬하게, 전심으로 그를 사랑했다. 스승이자 주님인 그에게 완전히 반했고, 그를 보면 미칠 듯이 기뻤고, 사랑에 푹 빠졌다. 다른 사람의 눈을 전혀 의식하지 않았다. 오히려 보는 사람이 당혹스러울 정도로 담담했다.

새벽 동이 틀 때부터 늦은 밤 마지막 불이 꺼질 때까지 쉬지 않고 계속되는 소녀의 온전한 사랑과 거침없는 애정에 다른 사람들도 점점 익숙해졌다.

오히려 그들은 소녀에게 배웠다. 아, 그들도 하나같이 소녀 못지않은 사랑을 고백했다. 하지만 그들은 로마 전복, 현 유대 정권 제거, 위대한 왕권 수립, 그리고 주님에 관한 악의적인 소문을 끊임없이 퍼뜨리는 자들에 대한 복수를 말했다. 그들은 정치권력과 영적 권능을 휘두르며 귀신을 몰아내고 로마 황제를 감옥에 가두고 사탄을 불못에 처넣는 꿈을 꾸었다.

그들은 사랑을 고백했지만 권력과 명예에 대해 이야기했다. 그런 것들이 조금씩 변해 갔다. 달이 변하고 해가 변할수록 정복욕은 사라지고 하나님을 사랑하는 일에 매진했다.

가장 멋진 것은 그의 반응이었다. 그도 아낌없는 사랑을 베풀었다. 이상했다. 하나님의 아들이 사람에게 관심을 가지고 애정을 쏟고 사랑받고 사랑하다니…… 충심으로, 전심으로, 깊은 열정으로 사랑하는 하나님이란 그들이 한 번도 경험해 보지 못한 하나님이었다. 그들은 또한 그에게 사랑을 표현하는 것이 그렇게 힘든 이유도 알 수 없었다.

소녀의 어머니도 이렇게 간단한 일을 수백 년 동안 하지 못했다. 그러나 이제, 모든 사람이 보는 앞에서, 이 어린 소녀가 전 우주의 가장 높은 명령을 몸소 보여 주었다. 하나님을 사랑하라.

소녀를 보면서 그들은 배웠다. 소녀가 사랑을 표현하는 방법은 섬김과 돌봄이었지만 그녀의 눈동자, 마음, 영혼에서 소녀의 전 존재에서 뿜어져 나오는 열정과 애정에서 더 많은 사랑이 드러났다. 그 사랑은 관념적이지 않았다. 그 사랑은 위력적이었다. 조금도 변함없이, 매일, 전적으로 자기를 부인하고—그를 사랑했다. 소녀의 눈동자에서, 경배하는 모습에서, 찬양하고 기뻐하는 모습에서, 그리고 그의 얼굴을 바라

볼 때마다 어김없이, 거의 매순간 볼 수 있었다.
이 소녀…… 이 놀라운 소녀는 누구인가?

36

　그 옛날의 고독감이 다시 그를 붙들었다. 그는 제자들을 남겨 두고 도성을 빠져나가 감람산을 천천히 올랐다. 전망이 좋은 높은 곳에 자리를 잡고 나무에 등을 기대고 앉았다. 계곡 너머 도성이 한눈에 들어왔다.

　2천 년이 넘게 바라본 도성이었다. 그의 마음을 수없이 아프게 한 도성이었다. 그는 한숨을 쉬며 손에 얼굴을 묻고 흐느끼기 시작했다.

　도성을 바라보는 그의 눈이 점차 강렬해지더니 발아래 도성이 거룩한 모습으로 변했다. 그곳의 주민, 가옥, 성전이 모자이크가 되어 천천히 하나가 되었다. 그리고 소용돌이처럼 휘감기더니 하나의 형상이 나타났다. 도성이 있던 자리에, 그와 마주한 계곡에 우뚝 선 것은, 빛나는 백의를 입은 젊고 아름다운 여자였다.

그의 입술에서 나온 말은 단 한 마디.

예루야.

매우 젊고 완벽할 정도로 아름다운 여인이었다. 그는 여인이 어떻게 약속의 땅으로 들어왔는지, 어떻게 유대의 심장에 보금자리를 꾸몄는지 추억했다. 당시만 해도 여인의 순결한 마음과 아름다운 자태는 숨이 멎을 정도로 고왔다. 그럼에도 불구하고 처음부터 주변 나라의 사람과 신들의 이상한 작태에 지나친 호기심을 보였다. 솔로몬 시절, 여인의 아름다움이 절정에 달했을 때, 여인은 그와 맺은 혼인 서약을 파기하고 스스로 저들의 세상에 몸을 던졌다.

그는 오랫동안 소녀를 바라보았다. 시간이 흐를수록 어린 소녀는 점차 늙어갔다. 강퍅한 마음처럼 딱딱하게 굳어만 갔다.

그는 알았다. 곧 여자는 다른 사람과 결탁해 혼인을 약조한 신랑을 죽일 것이다. 그뿐이 아니다. 오래지 않아 예루 역시 죽음을 맞이할 것이다! 그리고 결코 다시 일어서지 못할 것이다.

예루뿐 아니라 그에게서 예루를 뺏어간 모든 것이 최후를 맞을 것이다.

'내 적수와 원수들이, 그 모두가 곧 죽을 것이다. 그 자리에는 상징에 불과했던 예루 너의 영적 실재가 모습을 드러낼 것이다. 너보다 훨씬 더 아름다운 존재가 나타날 것이다. 새로운—'

그러나 갑자기 누군가가 그를 방해했다.

"주님, 방해해서 죄송하지만, 중요한 일—정말 중요한 일 때문에 찾아왔습니다."

"무슨 일이냐?"

"조짐이 이상합니다. 자세한 내용은 모르지만, 누군가 계략을 꾸며……"

"그래, 알고 있다. 오래전부터 알고 있었다. 걱정하지 마라. 이 문제는 아버지께서 잘 처리해 주실 것이다. 부탁이 있다. 산 아래서 기다리거라. 조금만 더 혼자 있고 싶구나."

"알겠습니다, 주님." 제자는 서둘러 산을 내려갔다.

그는 다시 아래에 보이는 도성으로 시선을 돌렸다. 도성의 참모습에 대한 끔찍한 깨달음에 다시 사로잡혔다. 그는 슬픔에 북받쳐 눈물을 펑펑 쏟으며 소리쳤다.

"아, 예루살렘아, 예루살렘아. 너는 널 구하러 찾아간 수많은 선지자를 돌로 쳐 죽였다. 돌아오라고, 그들이 얼마나 외쳤는지 아느냐…… 내가 얼마나 외쳤는지 아느냐? 그러나 넌 듣지 않았다. 암탉이 병아리를 날개 아래 모으듯이 내가 몇 번이나 너를 품으려 했지만 너는 원하지 않았다."

아, 예루야.

예루야, 예루살렘아,

오늘밤, 네 운명이 결정난다…… 영원히.

37

그날 밤 늦게 혼자 남겨진 한 사람이 감람산 기도처에서 재판정으로 끌려갔다. 하나님을 모독했다는 죄명으로. 그를 사랑한 사람은 소수였으나 그를 미워한 사람은 다수였다.

자정에 열린 재판으로 그 사실이 분명해졌다. 그의 말은 왜곡되었고, 거짓 증인들은 미리 짜놓은 각본대로 원로들에게 증언했다. 그들의 의도는 자명했다. 골치 아픈 갈릴리 청년을 더 이상 살려둘 수 없었다.

"이 자는 살려둘 가치가 없소." 그들의 최종 판결이었다. 그는 재판정에서 정해진 죽음을 향해 끌려갔다.

죽음을 앞둔 여느 사람처럼 그의 마음을 스치고 지나가

는 것이 있었다. 오래전 일이 떠올랐다. 그가 나눈 대화였다.

"아담아, 여기 씨앗이 보이느냐? 내 마음에, 그리고 이 씨앗 속에는 불변의 원칙이 들어 있다. 만일 씨앗이 죽지 않으면…… 하나로 남는다. 그러나 만일 씨앗이 땅에 떨어져 죽으면……."

"아담아, 여기 누워서 자거라. 그렇지 않으면 영원히 고독하게 살게 된다! 죽지 않으면, 혼자 산다. 죽으면, 많은 생명을 얻는다."

그의 생각은 여기서 멈췄다. 작은 실수가 생긴 모양이었다. 재판을 다시 받아야 했다.

38

 식민지에서는 로마의 재판이 필요했다. 이 자를 끝장내려면 유대 정권과 로마 정권이 함께 뜻을 합쳐야 했다. 유대인과 이방인이 하나가 되어야 했다. 그들은 그를 빌라도에게 끌고 갔다.

 목수는 그 남자의 얼굴을 유심히 살폈다. 목수는 불의에서 빠져나가지 않기로 결정했지만, 그 남자는 결백한 자가 희생되는 불의를 막고 그를 빼내려고 애쓰고 있었다.

 두 사람은 정치를 비롯해 여러 가지 주제를 놓고 대화를 나누었다.

 목수는 그에게 사실 그대로를 말해 주었다. "오늘이 지나

가기 전에 두 정권과 두 인종은 나와 함께 처형당할 것이다. 유대인과 이방인은 죽음을 맞이하게 될 것이다."

그의 말을 들은 빌라도는 젊은 선지자를 유대인의 손에 넘겨주었다.

지상의 정권은 이제 그를 죽이기로 뜻을 모았다. 그러나 완전한 만장일치를 위해선 한 번 더 표결이 필요했다.

도성의 시민들이 한자리에 모여 평결을 내렸다.

광장이 보이는 높은 난간에 갈릴리 청년을 세웠다. 광장을 가득 메운 예루살렘 시민들이 고래고래 소리를 질렀다. 그의 눈이 흐려지더니 사방이 빙빙 돌아갔다. 그리고 천천히 주위가 변하기 시작했다.

혼인을 약속한 예루가 보였다. 그녀가 주먹을 쥐더니 얼굴을 때렸다. 멸시와 분노로 일그러진 얼굴로 소리쳤다. "그를 없애 버려라! 십자가에 매달아 죽여 버려라. 십자가에 못 박아 죽여 버려라!"

고개를 돌리고 눈을 질근 감았다. 그토록 철저한 증오를 보고 싶지 않았다. 그러나 예루는 한 번 내린 결정을 번복하지 않았다. 다시 소리쳤다. "십자가에 못 박아라! 십자가에 못 박아라!"

영혼 깊숙한 곳에서 신음이 들렸다.

아, 예루야, 예루야—예루살렘아!

평결이 끝나자 로마 병정은 포로를 끌고 나가 거리 밖에 있는 구치소에 가두었다. 그들은 어두운 방안에서 그의 옷을 벗기고, 무자비하게 매질했다.

어느새 그는 의식을 잃었다. 잠시 후 눈을 뜬 그는—첫 사람이 그랬던 것처럼—본능적으로 그의 옆구리를 만졌다.

"아니. 아직 아니야. 아직 난 멀쩡해."

그는 차가운 바닥 위로 몸을 움직여 일어서려고 애썼지만 심한 고통으로 다시 쓰러졌다. 부어오른 입술 사이로 나직한 음성이 들렸다.

아직 아니다, 아담아. 아직 아니야. 그러나 오래 걸리지 않을 게다.

39

 이미 초죽음이 된 그는 어깨에 짊어진 커다란 나무 기둥을 끌다시피 오르막길을 힘들게 걸어 올라갔다. 눈은 퉁퉁 부어 앞이 보이지 않았다. 그가 쓰러지자 지나가던 행인이 붙들려 그 대신 나무를 짊었다.

 피가 고인 눈으로 흐릿한 골고다를 흘끗 보았다. 처형을 준비하는 망치 소리가 귓가에 울렸다.

 병사들이 목수를 돌려세우자 눈앞에 그것이 보였다.

 십자가!

 그날 이후…… 영원이 태어나던 그날 이후 보지 못했던 십자가였다.

"우주에서 가장 파괴력이 큰 처형 수단!" 그가 나직이 말했다. 앞을 거의 분간할 수 없었지만 가시에 찔린 고개를 들고 빠진 것이 없는지 눈으로 주변을 더듬었다. 못, 망치, 조롱조의 글이 적힌 팻말, 신 포도주. 셀 수 없는 세월동안 그에게 꼭 붙어 있었던 모든 것이 다 있었다.

땅 위에 누워 있는 십자가를 다시 보았다. 땅과 하늘의 그 누구도 상상하지 못했다. 이 나무 기둥에 모든 창조 세계를 없앨 힘이 있다는 사실을.

하나가 빠졌다!

천천히 고개를 돌려 죽음의 그림자가 드리워진 주변을 살피면서 그것을 찾았다. 로마 병사가 들고 있었다! 그의 옆구리를 찌를 창.

일말의 성취감이 온몸을 감쌌다. 부어오른 얼굴 위로 부드러운 미소가 힘겹게 비쳤다.

"그를 올려놓고 못 박아라!" 누군가가 소리 질렀다.

"아, 오늘 누가 못 박히는지 넌 상상도 못할 게다." 그가 중얼거렸다. 그는 눈을 들어 보이지 않는 세계를 향해 다시 속삭였다. "모든 준비가 끝났다."

그의 간단한 말 한마디에 하늘의 모든 천군 천사가 땅으로 내려와 예루살렘 안팎의 모든 지붕, 언덕, 산 위를 가득 메웠다. 헤아릴 수 없이 많은 천사들이 분노에 떨고 눈물을 흘리면서 칼을 손에 빼들었다. 그들은 언제라도 달려 나갈 기세로 명령이 떨어지길 기다렸다. 언덕 위에 있는 모든 것을 한꺼번에 쓸어버리고 싶었다.

병사들은 바닥에 놓인 십자가 위로 그를 무자비하게 떠밀었지만 그는 순순히 누워 팔과 다리를 뻗었다. 그는 못이 준비되는 동안 입을 열어 시편을 암송하기 시작했다.

이상하게 생각한 병사 하나가 잠시 머뭇거렸지만 이내 길고 차가운 못 하나와 망치를 손에 들었다. 그는 목수의 손목에 못을 꽉 누르고는 망치를 든 손을 높이 들었다.

목수는 반대편 손을 살짝 들었다. '시공간은 정지하라!'

모든 천사의 불타는 영혼 가장 중심에, 믿기 어려운 무언의 명령이 떨어졌다. 그들은 순간 머뭇거렸다.

목수가 명령했다. "이제, 모든 것을 십자가 위로 가져오너라!"

40

젊은 목수가 천사들에게 내린 것은 명령만이 아니었다. 그는 그들에게 능력을 주었다. 오직 그만 할 수 있었던 일들을 할 수 있는 능력. 그는 자신의 뜻을 성취하기 위해 천사들에게 시공을 다스릴 힘을 주었다. 그들은 스스로 있는 자가 아는 모든 것을 알 수 있었다. 제한된 시간 동안이지만 그들은 언제, 어느 곳이든 갈 수 있었다. 심지어 영원까지 갈 수 있었다. 그들은 우주의 복도를 다니며 과거와 현재를 오갈 수 있었다. 시간을 여행하고—영원의 이곳저곳을 다니면서—필요하다면, 영원의 이쪽과 저쪽을 달리고, 때가 있기 전, 원한다면, 모든 때의 마지막을 볼 수 있었다.

그들은 스스로 감지하지 못할 정도로 빨리 움직이면서 주님의 뜻을 성취하려고 정해진 장소로 날아갔다.

41

 메신저라는 간단한 이름을 가진 천사가 모든 시간을 거슬러 올라가 모든 영원의 과거, 모든 것이 있기 전까지 날아갔다. '하나님을 구해야 해!' 그곳 영원의 과거에서, 그는 나무 십자가 위에 놓인—살해된—어린양을 찾았다. 끝없는 사랑의 트로피—이제껏 감춰졌던 전리품, 죽음, 십자가 형벌—를 높이 쳐들고서, 그는 죽임 당한 어린양과 십자가를 들고 영원에서 역사로, 마침내 골고다까지 서둘러 돌아왔다. 그는 저주받은 나무에 사지가 묶여 있는 목수와 어린양과 십자가를 겹쳐 하나로 만들었다. 과거와 미래가, 영원의 과거와 영원의 미래가 십자가 위에 집중되었다. 모든 창조 세계가 보는 앞에서 처형되는 사형수와 십자가가 마침내 시간의 중심에 부각되었다. 세상의 기초가 놓이기 전부터 십자가에 못 박혔던 만물이, 정해진 때에 그와 함께 못 박히기 위해 과거와 현재로부터 골고다로 왔다!

한 천사가 오랫동안 잊힌 그곳, 하와와 셋이 옛 아담을 묻은 장소를 찾았다. 그는 인류의 장남을 끌어안고 시간을 타고 갈보리로 돌아왔다.

아담의 가슴 바로 아래에 인류의 모든 후손이 누워 있었다. 결국 그들은 그 안에 있었다. 더욱이 첫 사람의 가슴에는 모든 인류뿐만 아니라 원죄, 타락, 침략과 약탈로 뒤틀려 버린 영혼의 본성이 있었다.

아담과 그 안에 담긴 모든 인류가 천사의 손에 이끌려 목수의 처형장에 왔고 십자가와 하나가 되었다. 아담의 인류가 십자가에 못 박혔다!

천사장 하나가 광활한 대지 위로 솟구쳐 올랐다. 지구 위에 우뚝 선 그는 과거와 미래를 향해 땅의 모든 세대로부터 앞으로 올 모든 세대까지 모든 정사와 권력과 권세와 세상 주관자를 한자리로 불러 모았다. 그가 힘 있는 팔로 모든 것을 끌어안아 밀려오는 해일처럼 시간을 통과해 예루살렘으로 날아왔다. 그는 십자가 앞에 서서 기다렸다. 권력과 주권이 주님의 십자가에 못 박히는 것을 보려고 기다렸다!

그러나 한 천사는 처음부터 꼼짝도 하지 않고 자리를 지켰다. 그가 맡은 곳은 다름 아닌 골고다였다. 십자가 이쪽에는 유대인들이 몰려 있었다. 십자가 저쪽에는 로마 병사들이 있었다. 그들 사이에는, 보이지 않는 세계에서만 볼 수 있는, 벽이 있었다. 넘을 수 없는 높은 벽이 아브라함의 때 이후로 유대인과 이방인을 갈라놓았다. 온힘을 다해 벽을 높이 들어 올린 천사는 십자가 앞에서 기다렸다. 할례자와 무할례자를 갈라놓았던 벽이 십자가에 못 박히는 것을 보려고 기다렸다.

시간의 바늘이 다시 째깍이는 소리가 들리기만을 모든 천사가 기다렸다.

42

  망치를 든 병사의 팔이 사나운 기세로 못을 내려치는 순간, 모든 천사는 들고 온 짐을 젊은 목수의 가슴에 밀어 넣었다.

  망치가 못을 때렸다. 십자가 처형이 순식간에 일어났다.

첫 사람 아담
아담의 자손
타락한 본성
이방인과 유대인을 갈라놓은 벽
모든 정사

모든 권세
권력…… 그리고
주권.

이 모든 것이 우리 주 예수 그리스도의 십자가 위에 못 박혔다!

43

　못 하나가 반대편 손목을 깊숙이 짓눌렀다. 병사는 다시 망치를 높이 들었고 주님은 다시 시간과 영원을 정지시켰다.
　바로 그 순간 한 천사가 시내산 기슭에 도착했다. 그는 무서운 기세로 돌과 바위를 파헤쳤다. 한동안 땅을 판 그는 무엇을 발견한 듯 동작을 멈추었다. 산산조각이 난 채 오랫동안 버려진 그것이 그대로 있었다. 십계명과 모세의 율법이었다. 그는 신속하게 돌판을 가슴에 품고 돌아서서 예루살렘 성전을 향해 화살처럼 날아갔다.
　성전 안뜰에 도착한 천사는 지성소로 직행했다. 겁이 났지만 순종하는 마음으로, 금을 두들겨서 만든 언약궤를 열고 신성한 언약의 돌판을 꺼냈다. 그리고 성전 구석구석에서 글로 남겨졌든, 말로 선포되었든, 생각에 그쳤든 상관없이 모든 율법과 계명과 규례를 끌어 모았다. 모든 율법, 모든 율법주의, 모든 속박을!

주님의 음성이 마음에 다시 들리자 천사는 떠날 준비를 했다. 그는 모든 제사 의식을 쓸어 담았다. 그리고 밖으로 나가려는 찰나 빛나는 영혼의 마음에 걸리는 것이 있었다. 그는 몸을 돌이켰다. 다시 모든 거룩한 절기 의식을 쓸어 담았다. 마지막으로 심지어 안식일까지 쓸어 담았다.

"넌 우리 주님의 예표일 뿐이야. 우리 주님의 예표, 상징, 그림자는 오늘이…… 마지막이다!"

천사는 마침내 성전을 떠났으나 다시 멈추었다. 그는 호흡을 가다듬고 돌아서서 성전까지 쓸어 담았다!

"너도 가자. 너 또한 우리 주님의 예표일 뿐. 오늘은 너희들의 마지막 날이다!"

이제 그는 지구 위로 높이 올라 모든 세대에게 들릴 만큼 쩌렁쩌렁한 목소리로 지구상에 존재하는 모든 종교가 지켰던 율법, 계명, 의식, 명령, 규례를 향해…… 한자리에 모이라고 명령했다!

짐을 한 보따리나 짊어진 천사는 다시 하늘에서 내려와

시간으로 들어왔다. 제시간에 골고다에 도착한 그는 가지고 온 완전한 짐을 주님의 가슴 안으로 밀어 넣었다. 그는 한 걸음 뒤로 물러났다. "모든 것이…… 오늘…… 끝난다!"

병사가 못을 내리쳤다. 그와 동시에

모든 율법
모든 계명
모든 규례
모든 성일
그리고
모든 의식

모든 것이 우리 주 예수 그리스도의 십자가에 못 박혔다!

44

 병사들은 주님의 다리를 단단히 눌러 줄로 묶은 다음 못을 박았다. 그들은 인정사정없이 십자가를 끌어당겨 세운 뒤 균형을 잡고 미리 파둔 구멍에 밑동을 집어넣었다. 구멍의 바닥과 나무가 충돌하는 끔찍한 소리가 아래서 나자 위에서 신음이 들렸다.

 하늘 위로 기분 나쁜 기괴한 구름이 일더니 사방이 캄캄해지기 시작했다. 시시각각 하늘은 빛을 잃고 불길한 조짐이 일었다. 옷을 움켜쥐고 몸을 단단히 감싼 사람들은 머리 위로 보이는 험악한 날씨에 사지를 떨었다.

 그들의 눈에 보이는 것은, 보이지 않는 세계에서 스멀스멀

새어 나오는 불경건한 것의 빙산의 일각에 불과했다. 천사들은 가장 음침하고 무서운 여행을 시작했다. 그들은 시공간을 관통해 인류 역사의 모든 해, 시, 분으로 들어갔다. 모든 촌락, 마을, 도시를 빠짐없이 다녔다. 평야와 사막을 지나고 심지어 바다 속까지 뛰어들었다. 그들은 무시무시한 짐을 들고 예루살렘으로 돌아왔다. 그들은 온 땅이 어둠의 악취에 물들지 않도록 보이지 않는 세계에서 조심스럽게 기다렸다. 구름은 점점 더 두꺼워지고 짙어졌다. 헤아릴 수 없이 많은 천사들이 무거운 짐을 들고 묵묵히 정해진 때를 기다렸다.

십자가에 매달린 온 누리의 주님은 점점 의식을 잃었다. 그의 때가 마지막을 향해 치달았다.

신음과 통곡 그리고 괴로운 고통 소리를 듣고, 천사들은 가지고 온 가증스런 짐을 높이 들고 시간 안으로 들어왔다. 그리고 지구상에 살았던 모든 남녀의 죄악을 전부 들고 골고다 언덕을 향해 돌진했다!

그들은 살아서 꿈틀대는 역겨운 죄악을 한곳에 모아서 하나님의 어린양을 향해 전부 내던졌다. 이제 주님은 악의 화신이 되었다. 모든 죄가 한곳에—그 안에 모였다. 신은 결코 알 수 없었던 그것을 경험하게 되었다. 말로 형용할 수 없을 정도로 가중한 죄악이 홍수처럼 밀려오자 모든 신성을 잃어

버린 영광의 주님은 섬망에 빠져 외쳤다.

나의 하나님, 나의 하나님,
어찌하여 나를 버리셨나이까?

분노에 눈이 멀고 원한에 사무친 한 천사장이 동료들을 향해 야수처럼 외쳤다.

이제, 지금
시간의 맨 끝
그곳으로.
가라, 적에게! 사탄에게 가라!
원수를 갚아라, 원수를 갚아라!
지금, 아낌없이 분노를 쏟아 부어라.
저주받은 자에게 친벌을 내려라.
창조의
마지막 순간으로 가라.
그를 찾아라! 그를 데리고 십자가로 오라!

가장 큰 보복을 위해 시간은 다시 멈췄다.

45

　선택된 천사들이 시공간이 존재하지 않는 세계를 섬광처럼 날아 창조의 끝이 보일 때까지 돌진했다. 그들은 그곳에서도 십자가의 증거를 보았다. 활활 타오르는 눈을 부릅뜬 천사들은 칼을 높이 빼들고 시간 속으로 다시 돌아갔다. 그러나 그 시간은 창조 세계 가장 뒷자락에서 두 번째로 존재하는 시간 곧 어둠의 왕국이었다.

　미가엘이 부르짖었다.

보복하라!
보복하라!

너―불경한 대적들아―
정해진 때가 왔다!

선택된 천사들은 일말의 연민도 없이, 마귀의 왕국에 사는 악의 거민들을 눈부신 빛과 화염으로 휘감고 비명을 지르는 그들을 붙잡아 영원을 지나 시공간이 만나는 문으로 돌아왔다. 과거로부터 어둠의 무리들이 후퇴하여 골고다 언덕에 이르렀다. 마지막 때가―마침내―영원의 한복판과 교차할 찰나였다. 어둠의 악령들은 시간의 저편 창조 세계에 우뚝 선 십자가를 보고 본능적으로 그것이 그들을 파멸시킬 복수의 도구임을 깨달았다.

언제 그 위로 내던져질까? 영원의 과거 아니면 영원의 미래? 그들의 궁금증은 곧 풀렸다.

선택된 천사들은 이를 갈고 비명을 지르는 불경한 포로들을 가차 없이 십자가로 내던졌다.

섬광처럼 빛나는 두 천사장이 검을 휘두르며 모든 차원을 초월해 우뚝 서 있는 십자가에 달린 하나님의 독생자의 가슴 안으로 사악한 악령들을 내던졌다.

천군 천사들 머리 위로 생전에―그리고 이후에도―들어보지 못한 도전적인 고함 소리가 울려 퍼졌다. 모든 천군 천사와 천사장은 다시 집결한 뒤, 미래의 모처에 있는 모든 악령의 우두머리를 찾아서 오래전 하나님의 보좌에서 시작된 전투를 끝장내기 위해 시공간과 영원이 만나는 신비한 하늘문으로 들어갔다.

"이번에는 승리한다!" 격노한 그들은 반쯤 미친 천사들처럼 함성을 내질렀다.

46

정의에 불타는 미가엘이 이 시대 최후의 순간을 향해 돌진했다. 그곳에 사탄이 서 있었다.

"너는 창조되기 전부터 패배했다. 영원한 시간 속에 그리스도의 십자가에 못 박혔다. 자, 너 저주받은 원수야, 내 칼에 순종해서 따라오너라. 그렇지 않으면…… 시공간에 있는 그 십자가로…… 끌려갈 것이다."

루시퍼는 으르렁거렸다! 그러나 미가엘은 하나님의 진노와 맞먹는 분노로 사탄을 끌고 모든 시대를 통과해 돌아왔다. 그는 비명을 지르며 끌려가지 않으려고 안간힘을 썼다. 그들은 언덕 아래서 멈췄다. 그러나 지체하지 않았다. 미가엘은 화염검으로 어둠의 왕자를 만왕의 주님께—죽어 가는 그에게—가차 없이 끌고 갔다. 루시퍼는 시간에 갇혔을 뿐 아니라 골고다로 끌려왔음을 깨달았다. 그곳은 그가 지상 최대의 승리를 거뒀다고 생각한 곳이었다! 골고다는 예전과 달라 보였다. 순간 그는 하나님의 관점에서 언덕을 보기 시작했다. 그의 눈에 보인 것은 창조 세계 앞에서 십자가에 못 박힌 자신의 모습이었다!

차마 말로 표현할 수 없는 어떤 힘에 의해, 타락한 천사장 루시퍼는 무참하게 적의 가슴 한복판으로 떨어졌다.

암흑의 왕자와
어둠의 왕국이
그들의 주님, 예수 그리스도의
십자가에 못 박혔다!

47

　시간이 계속 정체되어 있는 동안, 다른 것들도 모든 것을 파괴하는 십자가 위에 달린 하나님 아들의 가슴으로 떨어졌다.

　천사들이 놀란 눈으로 지켜보는 가운데 전 세계가 시간 밖으로 빠져나왔다. 이제는 광활한 무의 세계에 걸려 있는 십자가 속으로 시간, 공간, 물질, 영원이 빨려 들어갔다. 물질 세계와 영의 세계를 비롯한 우주 전체가 십자가에 못 박힌 청년의 가슴속에 녹아 들어가면서 자취를 감추기 시작했다. 시간, 영원, 하늘이 순식간에 사라졌다. 옛 창조 세계와 타락으로 병든 모든 것이 사망했다!

천사들은 시간의 바깥에서 모든 것이 사라지는 광경을 지켜보았다.

이제 그들 앞에 남은 것은 광활한 무에 걸린 십자가밖에 없었다. 모든 것이 사라졌다.

"이 영광스런 순간에 하나님께서 늘 지켜보셨던 것을 우리가 보는구나!" 리코더 천사가 나직이 말했다.

정말 그는 약속을 지켰다. 모든 죽음…… 모든 것을 없애 버렸다.

할렐루야!

48

 갑자기 으스스한 냉기가 천사들을 덮었다. 잠시 잊고 있었던 최후의 대적이었다. 천사들도 겨룰 수 없는 상대였다.
 언제 왔는지 알지 못하는 사이 죽음이 모습을 드러냈다! 창조 세계마저 못 박았지만 영원한 십자가는, 하나님 외에 맞수가 없다고 떠드는 기고만장한 적을 하나 남겨 두고 있었다. 이제 남은 것은 두 존재밖에 없었다. 영원한 생명이라고 자처하는 한쪽과 영원한 죽음이라고 자처하며 자기 손으로 모든 생명을 앗아가겠다는 반대쪽이 맞섰다. 죽음은 겁도 없이 대담하게 십자가로 다가가면서 음탕한 울음으로 으르렁거렸다.

다시 만났구나.
그러나 이제
오늘이 마지막이다!

죽음은 망토를 휘날리면서 그의 마지막 먹잇감을 향해 천천히 다가갔다.
우주 역사상 최고의 드라마가 시작되었다!

그래, 죽음아.
이제, 마지막이다.
끝장을 내자. 오너라!

젊은 목수는 쇠못에 박혀 피로 물든 손을 다시 움직였다. 창조 세계가 갑자기 다시 나타났다. 모든 것이 시공간 안으로 들어왔다. 땅의 모습이 드러나고 골고다가 다시 나타났다.
주 예수는 마지막 숨을 거칠게 내쉬었다. 죽음의 천사가 냉혹하게 달려들어 젊은 목수를 날개로 감쌌다. 죽음은 최후의 적에게 달라붙어 마지막 남은 생명의 기운을 빨아내기 시작했다.

마리아의 아들은 마지막 숨을 내뱉으며 소리쳤다.

아버지여,
내 영혼을
아버지 손에
부탁하나이다.

그 말을 마치고 목수는 숨을 거두었다. 그는 곧 모든 원수를 품에 안고 무덤으로 내려갔다. 그러나 하나가 남아 있었다. 영원히 사망한 죽음이 아직 살아 있었다!

생명이 죽어 가는 것을 지켜본 죽음은 최후의 승리를 거둔 양 주먹을 번쩍 들고 소리쳤다.

생명조차
내 손에 죽었다!
내가 승리자다.
내가 모든 것을
정복했다.

죽음은 돌아갈 준비를 했다. 승리에 도취한 그의 얼굴에서 검은 빛이 흘러나왔다.

순간 신비롭게도 어디선가 무한한 권능이 나타나 그를 사로잡았다.

돌아선 사탄은 비명을 내질렀다. "성령!" 보이지 않는 권능에 사로잡힌 그는 천사들도 겁먹고 무릎을 꿇게 만드는 자신의 힘을 사용해 권능의 손아귀에서 빠져나오려고 안간힘을 썼다.

용호상박하며 마지막 전투를 벌이는 모습을 지켜보던 천사들은 그렇게 강력한 권능이 존재하리라고는 상상도 못했다.

쉽게 자웅을 가리지 못하는 사이, 발작하듯 몸부림을 치는 죽음이 곧 빠져나올 것처럼 보였다. 그러나 죽음의 천사는 놀라운 십자가 위에서 가혹할 정도로 서서히 몸이 굳어지더니 생기를 잃어갔다. 마침내 모든 힘이 소진된 아젤은 공포의 비명을 지르며 나사렛 청년의 가슴속으로 사라졌다.

모든 것이 십자가에 못 박혔다. 하나님의 아들은 그렇게 죽어 갔다.

아, 그날
십자가 위에

매달린 이가
하나 더 있었으니—
바로 당신이 그리스도와 함께 못 박혔다.

4부

49

"니고데모, 서두릅시다. 한 시간도 채 안 남았습니다."

"그 여자는 어떻게 할까요? 하인들 말로는 여기 와서 같이 장례를 준비할 수 있게 허락해 달라고 떼를 쓴다고 합니다."

"안 됩니다! 조금 있으면 안식일이 시작됩니다. 거룩한 안식일이 시작되기 전에 우리 몸을 성결케 하기에도 빠듯합니다. 정성은 갸륵하지만 그 여자도 가서 안식일을 준비해야 합니다. 거룩한 날 시체를 만지게 해서는 안 될 말입니다."

"그럼 뭐라고 설득할까요? 일단 하인들에게 일러서 이곳에 오지 못하게 그를 붙잡아 두라고 했습니다."

"안식일 다음 날 오라고 하십시오. 그때 와서 장례를 준비하라고 설득하는 게 좋겠습니다. 그 여자가 오면 무덤을 열어 주라고 동산지기에서 따로 일러 놓겠습니다. 그러나 혼자 오지 말고 친구들과 함께 오라고 하십시오. 여자들 네 명은 더 있어야 할 겁니다. 결코 만만한 일이 아니니까요."

아리마대 요셉은 하인들에게 무덤 입구를 열라고 지시했다. 커다란 돌문이 움직이자 꽤 널찍한 무덤이 나타났다.

"이렇게…… 그분을 무덤에 묻다니, 애석합니다. 이런 상황이 될 줄은……."

"하지만 이렇게 좋은 무덤을 제공해 주셨잖습니까? 훌륭한 선지자이신 그분을 묻어야 한다면 아름답고 푸른 동산으로 여기가 제격입니다." 니고데모가 대답했다.

그때, 육안으로 볼 수 없는 천사장이 동산 안으로 걸어 들어와 싸늘하게 굳어 있는 하나님의 아들 곁에 무릎을 꿇고 앉았다. 그는 로마 병사의 창에 찔린 옆구리의 상처를 유심히 보았다. "맞아. 정확히 같은 곳이야. 벌어진 상처. 그리고 뭔가가 빠져나갔어! 이번에는 뼈가 아닐 뿐!"

하인들이 나사렛 청년의 시신을 들어 조심스럽게 땅 속에 안치했다. 마치…… 고독한 씨앗 하나를 묻는 것처럼.

일이 끝나자 두 사람은 동산을 떠나고 주인을 잃은 천사장만 홀로 남아 그의 곁을 지켰다.

"찢어진 옆구리. 유일하게 홀로인 존재⋯⋯ 짝이 누군지도 모르고 죽으시고⋯⋯ 이제 싸늘한 시체가 되어 움직이시지도 않으신다. 그토록 오랫동안 홀로 고독하게 지내시고서⋯⋯ 생명까지 잃으시다니. 그런데, 지금⋯⋯ 지금 주님께서 땅에 묻히셨다. ⋯⋯씨앗처럼? 지구가 모든 씨앗 중의 씨앗이 묻힌 무덤이 되었구나.

정말 대단한 무덤이야. 하나님께서 묻히시다니! 하나님께서 여기 묻히신 것을 누가 알기나 할까! 이런 무덤이 있다는 말은 일찍이 들어본 적이 없어. 주님과 함께 주권, 권세, 모든 암흑, 유대인과 이방인 사이의 증오, 아담⋯⋯ 죄⋯⋯ 모든 창조 세계가 묻혔어! 그리고⋯⋯ 아, 그래⋯⋯ 그나마 안심이 되는군─죽음⋯⋯ 그도 역시 이곳에 매장되었으니!

아냐, 이런 무덤은 존재할 수 없어.

우리는 여기서 때를 기다려야 해." 천사장은 굳게 다짐했다.

"다른 동산에서는 이것과 비슷한 상황에서 아담의 신부가 나왔었지. 그와 같은 종류의 사람이.

하나님의 아들? 그런 일이 가능할까? 하나님의 아들? 하나님의 딸? 그분을 닮은 존재? 그분과 같은 존재?

우리 주님의 짝?

하지만 어떻게?

아마도—어떤 식으로든지—여기서 결정이 날 것 같아. 살아 계셨을 때처럼 언제나 신비하고 예상을 뛰어넘는 하나님만의 방법으로."

50

　화들짝 놀란 소녀는 잠이 깨었다. 또 그 꿈 때문이었다. '곧 동이 틀 거야. 그럼 더 이상 잠을 설칠 일도 없을 테지.'
　그가 십자가에 처형되는 꿈이 밤새 되풀이되었다. 너무 피곤했기 때문에 잠이 절실히 필요했지만 눈만 붙이면 같은 꿈이 반복되었다. ……골고다!
　그러나 뭔가 그의 꿈에 빠진 것이 있었다.
　그의 옆구리!
　소녀는 자리에서 벌떡 일어났다.
　그것이었다. 그의 옆구리. 그가 숨을 거둘 때 병사 하나가 창으로 옆구리를 찔렀다. 그도 그 장면을 보고 무서워 비명을 질렀다. 이제 기억이 되살아났다. 벌어진 상처에서 피와 물이 쏟아졌다.

"그건 불가능해! 도대체 그게 무슨 뜻일까?" 그녀가 중얼거렸다.

그녀는 고개를 떨어뜨렸다. 이미 눈물샘이 마를 정도로 울어서 눈이 퉁퉁 부었지만 다시 엉엉 울었다. 그리고…… 동이 트기만을 기다렸다. 그녀는 자리에 누워 잠을 청했지만 잠시 후 비명을 지르며 다시 잠이 깨었다. 또 같은 꿈이었다.

더 이상 기다릴 수가 없었다. 여전히 캄캄한 밤이었지만 무덤에 가기로 마음을 먹었다. 다른 사람들은 그곳에서 만나기로 미리 약속을 해두었다. 그의 무덤에 가면 죄책감을 벗고 잠을 잘 수 있을 것 같았다. 그녀는 자리에서 일어나 전날 밤 정성스레 준비해 둔 바구니를 챙겼다.

얼마 후 소녀는 주님의 장례에 필요한 알로에와 오일, 연고와 향신료가 담긴 바구니를 소중히 들고 어두운 예루살렘 거리로 나왔다. 사람들이 그의 시신을 허둥지둥 묻었다는 생각에 몸서리가 쳐졌다.

야간 경비병은 순순히 성문을 열어 주었다. 그녀는 캄캄한 밤길에 잠시 걸음을 멈추었다. 한치 앞을 볼 수가 없었다.

"이쪽이 틀림없어. 요셉 어른의 집이 이쪽이니까 동산은 그 너머에 있을 거야." 그녀는 혼잣말을 중얼거리며 생각에 잠겼다. '그분이 살아 계셨을 때 나는 그분을 경배하고 사랑했어. 지금은 돌아가셨지만. 그러나 살아 계시든지 돌아가셨든지 변한 건 없어. 그분은 나의 주님이셔.'

길 아래 난 좁은 오솔길을 따라 초원을 가로질렀다. 길은 가파르고 풀이 무성한 언덕길로 바뀌었다.

갑자기 땅이 흔들거리더니 지진이 일어난 것처럼 심하게 진동했다. 마치 지구가 어떤 극적인 힘의 위력 앞에 전율하는 것 같았다.

소녀는 몸의 중심을 잃고 땅에 쓰러졌다. 바구니에 든 물건들이 사방에 흩어졌다. 그녀는 온힘을 다해 풀을 꽉 움켜잡았다. 땅속 깊은 곳에서 시작된 어떤 힘이 점점 더 큰 기세로 땅위로 비집고 올라오는 것 같았다.

마침내 땅이 갈라지고 지형은 흉측하게 뒤틀려 버렸다. 굴뚝이 넘어지고, 길이 갈라지고, 무덤이 깨져서 열렸다. 땅껍질이 파도처럼 휘감겨 솟아올랐다가 떨어졌다. 그리고 환한 빛이 폭발하듯 사방에서 비춰고 고막이 터질 듯한 굉음이 뒤따랐다. 고삐 풀린 말처럼 주체할 수 없는 힘에 의해 사방이 어지러운 와중에 첫 동이 트면서 한줄기 작은 빛이 어둠을 물리쳤다.
주일 아침에 첫 울음을 터뜨리며 태어났다.

51

 그가 묻힌 무덤도 역시 기이한 지진의 영향으로 심하게 무너져 내렸다. 실은 이곳이 지진의 진앙이었다. 아니, 무덤이 아니라 시신이 진원지였다. 어떤 초자연적인 힘이 무단으로 들어와 피로 물든 시신을 훔쳐간 것 같았다.
 성령의 모든 권능이 그 안으로 들어가 죽음을 상대로 모든 시대에 걸쳐 가장 치열한 싸움을 벌였다.
 집중된 에너지는 터질 듯이 충만했고 부딪히는 힘은 격렬했다. 죽음은 십자가 위에서 사망했다. 사실이었다. 그러나 최후의 적수인 목수의 영혼을 쥔 손이 그가 죽으면서 굳어버렸다. 강력한 죽음의 손아귀에서 빠져나오려는 몸부림 때문에 대지의 기반이 흔들렸다. 깊은 신음과 살려 달라며 울부짖는 대지의 소리에 압도당한 온 누리는 부들부들 떨었다. 목수의 몸이 진동했다. 정체를 알 수 없는 이 힘은 점차 강해졌다. 무덤은 신음소리를 내며 갈라지고 무너졌다.

갑자기 은은한 광채가 무덤에서 비쳤다. 이 빛은 생명을 잃은 시신 안에서 나왔다. 그의 몸 안에서 엄청난 힘이 꿈틀대며 터져 나오기 일보직전이었다. 목수의 손 하나가 꿈틀거렸다. 빛이 터져 나왔다. 그 빛이 어찌나 강렬하던지 기다리던 천군 천사들의 눈을 멀게 할 정도였다.

영원의 모든 힘과 빛이 하나님의 아들의 품 안에 집중되었다가 폭발했다. 무덤, 지구, 하늘, 천사들은 그 빛을 이기지 못하고 눈을 감았다. 한순간 온 창조 세계가 그 빛에 녹아 버릴 것 같았다.

목수의 몸은 순결하고 거룩한 빛에 완전히 잠겼다. 마치 용광로 속에서 사라지는 것 같았다. 아니면, 단지 변화된 것일까?

영원한 생명의 힘이 남김없이 부어졌고 육체의 형체는 폭발과 함께 영원한 불멸의 몸으로 변화되었다. 성령의 몸과 같은 영체가 그의 몸 안에서 빛났다!

그리고 사방에 울려 퍼지는 우레와 같은 목소리가…… 무덤에서 터져 나왔다!

"내가 부활했노라!"

생각과 본능을 초월한 그는 순식간에 죽음의 잠에서 깨어나—그가 보는 앞에서 아담이 그랬던 것처럼—그의 옆구리를 만졌다.

"흉터다! 옆구리에 흉터가 있다!

내게서 무엇인가 빠져나갔구나! 무언가…… 누군가…… 내 안에 영원히 감춰져 있던 그것이 사라졌다!"

그는 세마포를 통과해 일어나 두 발로 서서 고개를 번쩍 들었다.

"나뉘었다! 내가 나뉘었다.

영원의 세월 동안 내 안에 숨어 있던 그가…… 내 옆구리에서 나왔다.

내 뼈…… 내 살……,

아니! 내 영, 내 생명…… 나의 본질이다." 그는 두 손을 번쩍 들고 기뻐하며 소리쳤다.

사실이다. 흙속에 손을 넣었다면 흙을 끄집어낼 테고 사람의 옆구리에 손을 넣었다면 사람을 끄집어낼 터. 만약 하나님의 옆구리에 손을 넣을 수 있다면 분명히 신적인 것이 나올 것이다!

아담의 일부가 아담에게서 나왔듯이 하나님의 일부가 하나님에게서 나왔다. 하와가 아담의 본질이었듯이 그의 본질인 누군가가 어딘가에 있었다.

전 우주에서 가장 완벽하게 창조된 한 사람의—하나님의 모든 영광의 빛을 내며 사람의 몸을 입고 거기 서 있는 그의—옆구리에 있는 것이…… 흉터라니! 아이러니가 아닐 수 없다. 짝을 위해 그가 지불한 대가의 증거였다.

그는 승리자처럼 고개를 들고 손을 뻗었다. 그리고 소리쳤다. "나의 적수가 어디 있느냐? 나의 원수는 어디 있느냐?"

씨앗 하나처럼
나도
하나였다.

땅속으로
나는 떨어져
죽었다.
씨앗처럼
나도 죽었다.
씨앗은

살아났다—
이제 부활한 나는
더 이상
혼자가 아니다.

처음에는
비전 하나가
내 가슴에
숨어 있었다.
이제 이 무덤에서
내 짝이 나왔다!

그는 다시 포효하듯 외쳤다.
"적수와 원수라고? 그의 원수가 어디에 있느냐? 창조 세계를 묶고 있던 저주가…… 어디에 있느냐?"
빛의 급류가 폭포수처럼 쏟아져 내리듯이 하나님의 광채가 그에게서 굽이쳐 흘렀다. 순간 그가 일어섰다. 무덤 안에서, 지상에서 일어선 것이 아니었다. 영원의 경계선 바깥으로…… 하나님…… 영원한 사람…… 못 박히고…… 부활한…… 모든 것을 이긴 그가 우뚝 섰다.

그는 모든 창조 세계를 호령하듯 쩌렁쩌렁한 목소리로 외쳤다.

내가 모든 것을 이겼다!
나는 **부활했다**!
나는 무덤에서 일어나
영원토록 살 것이다.
할렐루야!

52

 그는 몸을 돌려 무덤 입구를 막아놓은 돌을 통과해서 걸어 나왔다. 그는 여전히 몸을 입고 있었지만 그의 몸은 이제 영에 속해 있었다!

 하늘의 천군 천사들이 한자리에 모여 3일을 기다렸다. 동산, 언덕, 예루살렘 주변에는 영의 눈이 닿는 모든 곳에 셀 수 없이 많은 하늘의 거민들이 기다리고 있었다.

 바위를 통과한 그의 모습이 나타나자 물결처럼 흐르는 빛의 눈부신 불꽃이 그를 휘감았다. 천군 천사들은 함성을 지르며 환희의 찬양을 불렀다.

 하늘을 날아다니는 천사도 있었고 무릎을 꿇는 천사도

있었다. 대부분 환호성을 질렀고 몇몇 천사는 무기를 부딪치며 요란한 소리를 냈고 몇몇은 깡충깡충 뛰었다. 확인된 바는 없지만 서로 포옹하고 천사의 위신을 내던지고 춤을 추었다는 소문도 돌았다.

한 천사장이 하늘로 솟아 무리 주위를 크게 빙글빙글 돌면서 불꽃을 일으키자 다른 천사장들도 그의 뒤를 이어 돌았다. 곧 모든 천사가 하늘 행렬에 참여하여 부활한 주님을 가운데 두고 빛의 소용돌이를 내며 회오리바람을 일으켰다.

죽음을 이긴 주님이 두 천사장에게 신호를 보냈다. 그들은 신속하게 무덤 입구를 막은 돌을 옮겨 놓고 지구상의 모든 사람이 볼 수 있도록 텅 빈 무덤을 만천하에 공개했다.

기뻐서 거의 제정신을 잃은 천사들이 텅 빈 무덤을 보자 축제 분위기는 거의 광란의 찬양으로 변했다.

주님은 천사들에게 잠잠하라고 손짓했다. 그들은 주님의 말씀을 거역할 생각이 없었지만 지금만큼은 예외였다. 찬양 소리가 잦아지는가 싶더니 어느새 다시 찬양이 시작되고 천둥소리와 같은 경배는 다시 최고조에 이르렀다. 한참 후에야 천사들은 잠잠해졌다.

주님의 얼굴에서 도전적인 기운이 서서히 나타나더니 점차 강렬해지기 시작했다. 분위기에 전혀 어울리지 않는 얼굴이었다. 그는 뒤돌아서서 텅 빈 무덤을 보았다. 그의 눈동자는 지옥의 불길보다 수천 배나 더 밝게 활활 타올랐다.

주님은 다시 손을 들었다. 창조주의 무언의 명령이 떨어지자 동산이 희미하게 사라지기 시작했다. 사라지는 것은 동산뿐만이 아니었다. 언덕, 계곡, 하늘, 별들이 모두 사라졌다. 모든 창조 세계가 증발하는 것처럼 보였다. 아무것도 남지 않은 광활한 무의 세계가 펼쳐졌다. 보이는 것이라곤 천사, 주님, 무덤뿐이었다.

천사들이 있는 곳은 예루살렘도 아니고 시간이 흐르는 곳도 아니었다. 이것만은 분명했다. 그들이 서 있는 곳은 창조가 있기 전이거나 이 창조 세계가 우주와 기억 속에서 사라진 먼 미래의 어느 시점이었다.

"내가 지금 뭘 보고 있는 거지?" 미가엘이 물었다.

"창조 세계를 초월한 십자가, 창조가 시작되기 전부터 존재해 온 십자가, 창조 세계 안의 십자가, 창조 세계 밖의 십자가? 십자가는 영원하구나! 텅 빈 무덤도 마찬가지고, 우리 주님의 부활의 승리도 마찬가지구나. 이게 무슨 뜻일까? 그분과 함께 십자가에 못 박힌, 시간을 초월한 모든 것의 운명은 무엇이었을까?"

미가엘의 궁금증은 곧 풀릴 것 같았다. 주님이 말했다.

아, 무덤아. 나는 너를 이기고 부활했다.
너 화려한 세상아,
너는 나와 함께 매장되었다.
이제, 네 힘으로 무덤에서 나와 보아라!

천둥과 같은 침묵이 이어졌다.
그가 다시 말했다.

주권과 권력과 권세야—
사람을 좌지우지하고 속박하고
그 힘을 자랑하고 과시하던 너—
너는 나와 함께 십자가에 못 박혔다.
이제, 네 힘으로 무덤에서 나와 보아라!

당당한 왕의 기세가 침묵 속에 충만했다.

흑암의 왕자야—
나의 보좌와 겨루던 너,
창조 세계에 군림하던 너,
여기, 시간을 초월한 이곳에서

너에게 선포하노니
시간 속에 있던 네가 모르는 것
곧, 너는 내 품에 있었고
이 무덤에 함께 묻혔다—
이제 네가 뻐기던 그 권세로 무덤에서 나와 보아라!

비명과 같은 침묵만이 되돌아왔다.
  주님의 포효는 죄 없는 천사들마저 움찔할 정도로 더욱 강렬해졌다.

죽음—지상의 모든 드라마의
최후의 승리자였던 너,
꺾이지 않는 힘을 소유했던 너—
네가 뽐내던 그 힘으로
그 어떤 것보다 강했던 그 힘으로
죽음아,
네 가진 힘으로
살아나 보아라!
죽음아—망할 죽음아—
너의 힘으로,

부활해 보아라!

견딜 수 없는 침묵이 이어졌다. 천사들은 눈을 크게 뜨고 무엇이 나올지 몰라 팽팽하게 긴장했다.

아무것도 나오지 않았다!

"들어라. 죽음의 천사 아젤아, 너는 사망했다! 훗날, 내 목숨을 노린 것을 후회할 날이 올 것이다. 네가 내 십자가에 다가왔을 때, 너는 네가 목숨을 거두어들이던 인간의 역사를 향해 낫을 휘두른 것이다! 창조 세계와 그 안에 있는 모든 것이 영원히 사라졌다. 내 십자가와 이 무덤에 의해 너는 사망했다."

무덤아, 너의 승리가 어디에 있느냐,
죽음아, 너의 독침이 어디에 있느냐!

창조 세계와 그 안에 있는 모든 것이 십자가와 무덤에 정복당해 정말로 영원히 사라졌다.

주님과 천사들의 입에서 자연스럽게 노래가 흘러나왔다. 천사들은 가슴속에서 터져 나오는 찬양을 주체할 수가 없었다. 누가 그들의 입을 막으려 했다면 그들은 칼이라도 빼들었을 것이다. 그러나 주님의 선언에 그들은 깜짝 놀라 찬양을 그쳤다.

"이제, 오랫동안 기다린 끝에, 너희에게—미지의 때부터—하나님 안에 숨어 있던 신비를 보여 주겠노라!"

53

 신비! 그런 얘기가 천사들 사이에 돌긴 했었다. 일찍이 리코더 천사가 이야기한 적은 있지만 아무도 그 의미를, 그 내용을 알지 못했다.

 이 신비는 하나님 안에 감춰져 있었기 때문에 전혀 알 수 없었다.

 주님은 다시 오른손을 드셨다.

 그들을 휘감고 있던 거대한 공백이 크게 찢어졌다. 찢어진 입구 안쪽으로 보인 것은…… 뒤로 거슬러 올라가는…… 시간이었다. 모세가 나타났고, 노아, 아담의 비극적인 타락, 인간의 창조, 지구와 별의 창조가 지나갔다.

이제 시간은 영원의 연대로 넘어갔다. 천사의 창조는 그들이 모두 기억하는 장면이었다. 이것이 그들에게는 최초의 기억이었다. 그러고서 첫 천사 리코더의 창조가 보였고, 다시 시간을 거슬러 무한한 하나님이 스스로 몸을 낮춰 영원으로 들어오는 모습이 보였다. 우주 역사는 계속 되감겼다. 심지어…… 영원마저 끝이 났다!

천사들은 눈앞의 장면이 영원이 동트기 전까지 넘어가자 넋을 잃어 꼼짝도 않고 시선을 고정시켰다.

그들은 처음으로, 무한한 하나님의 본 모습을 보았다. 만물이 있기 전에 홀로 전부였던 하나님! 완전히 무한하고, 몹시 광활하고 위력적이고 전부였던 하나님의 본 모습은 그들의 상상을 초월하는 것이었다. 그들은 주 하나님이 스스로 몸을 낮춰 영원이라는 작은 세계로 들어오기 전의 모습을 보고 있었다. 하나님의 본 모습을 보았다! 무릎을 털썩 꿇는 천사가 있는가 하면 그 영광 앞에 어쩔 줄 몰라 눈을 가리는 천사도 있었다.

믿기지 않는 영상이 조금씩 변하기 시작했다. 천군 천사들은 하나님의 가장 중심을 볼 수 있었다.

신비의 비밀이 금방이라도 벗겨질 것 같았다. 그러나 이 환상의 목적은 깜짝 놀랄 정도로 갑작스럽게 드러났다. 그들은 하나님의 중심 깊은 곳을 들여다보고 있었지만 그들 중 아무도 그곳에 어떤 신비가 숨겨져 있는지 이해할 수는 없었다.

눈앞의 장면은 더욱 밝아졌다. 섬광이 사방으로 퍼지고 번쩍이는 밝은 빛이 폭풍처럼 휘몰아쳤다. 잠시 후 대양과 같은 '하나님'의 한복판에 그분 본체의 구별된 일부가 선명하게 드러나기 시작했다. 그리고 움직였다.

뭔가가 있었다…… 하나님의 가장 중심에 숨어 있는 뭔가가 있었다.

천사들은 알 듯도 했다. 영원의 연대가 시작되기 훨씬 전에 주님은 미래의 고귀한 목적을 위해 본체의 일부를 구별한 것이다. 연대며 시간의 기반이 놓이기 전부터, 이 '하나님의 일부'는 예정되었던 것이다…… 그런데 무엇을 위해서? 그들은 잠잠히 기다렸다. 하나님의 구별된 일부가 어느새 수백만 개가 되었다.

눈앞의 광경은 다시 변하고 있었다! 어디선가 본 듯한 장면이었다. 그러나 무엇인지 머리에 떠오르지 않았다! 하나님의 구별된 일부가 빛나고 있었다. 마치…… 형언할 수 없이 아름다운…… 도시?

"도시를 본 것 같아! 확실히, 어떤 종류의 형체가 밝은 빛

가운데 나타났어."

그 무언가는 누군가가 되었다!

그들의 눈앞에 점차 모습을 드러내고 있는 그 형체가 무엇인지 깨달은 한 천사가 깜짝 놀라 소리쳤다.

"예루!"

그 형체는 계속 변하면서 윤곽이 점점 뚜렷해졌다.

이때쯤 천사들 사이에서는 이런 소리가 거듭 들려왔다.
"아냐, 예루가 아냐, 하와야, 하와…… 그래, 하와다."

그는 점점 아름답고 영광스럽게 변했다. 수많은 천사들이 무릎을 꿇고 하나같이 그 아름다움에 넋을 잃었다.

영광의 외침, 흐느끼는 듯한 송축, 전례 없는 울음소리가 들려왔다. 얼굴을 가리는 천사도 있었고 환희에 두 손을 번쩍 드는 천사도 있었다.

"하와가 아냐! 절대로 하와는 아냐!"

그때 모든 천사의 머릿속에, 잊을 수 없는 그 순간이 떠올랐다. 하와가 지어지는 동안 모든 창조 세계를 압도했던 하나님의 영광이 생각났다. 그들이 지금까지 이해하지 못하던 것이었다. 그러나 그들은 이제 깨달았다! 주님이 하와를 지으실 때, 그분은 누군가 다른 존재를 '보고' 계셨다. 그는 다른 차원에 속한 매혹적인 미인의 형상을 따라 하와를 지으셨던 것이다.

그 여인이 그들 앞에 서 있었다. 틀림없이 하와는 이 존재의 그림자에 불과했다. 하나님의 본체의 무수히 많은 부분들로 이뤄진, 무엇과도 비교할 수 없이 영광스럽고 아름다운 여인이 앞에 서 있었다. 하나님의 선택된 일부, 시간과 연대의 기반이 생기기 전부터 예정되었던. 바로 이 여인의 존재를 위해 예정되었던 것이다.

마침내, 하나님 안에 감춰져 있던 신비가 나타났!

지고한 아름다움 앞에 천사들은 감히 눈을 뜰 수가 없었지만 그렇다고 바보처럼 눈을 감고 있을 수도 없는 노릇이었다.

하나님의 영광과 광채와 같은 옷을 입고, 그들의 이해를 초월하는 아름다운 여인이 눈앞에 드러났다. 그는 하나님과 같았지만 여자였다! 그 사랑스러움은 매우 곱고 얼굴에는 사랑이 넘쳤다. 쳐다보는 천사마저도 경외심과 두려움에 싸일 정도로 지극히 순결했다. 그는 하나님으로 지어졌다. 그는 창조되지 않았기 때문에 창조 세계의 일부가 아니었다. 하와가 아담의 뼈였던 것처럼 이 여인은 주님의 영이었다. 스스로 존재하는 하나님이 그의 짝을 공개했다. 물과 성령으로 지어진, 스스로 존재하는 하나님의 본체에서 나온 여인이었다.

그 여인의 머리는 칠흑처럼 까맣고 그녀의 원기는 하나님이 창조한 봄날과 같았다. 그녀의 자태는 모든 창조 세계를 통틀어 모든 인종과 민족과 동족의 모든 아름다움을 합쳐 놓은 것 같았다.

다행스럽게도 영광스런 여인의 모습이 서서히 희미해졌다. 하나님만으로 충만한 장면이 다시 나타났다. 긴장이 풀린 천사들은 기력을 잃고 얼굴을 바닥에 대고 엎드렸다.

"어떤 적수도, 원수도 있을 수 없어." 한 천사가 조용히 말했다.

"하와의 어머니야." 다른 천사가 대꾸했다.

"새 예루야." 부드러운 환희에 들뜬 누군가가 힘주어 말했다.

아직도 눈을 제대로 뜨지 못하는 한 천사가 일어나 말했다. "우리 주님의 짝!"

"하나님의 신부!"

"우리는 그를 잠깐 보았을 뿐이야. 타락한 옛 하늘과 옛 땅에 속하지 않은, 창조되지 않은 이 여인은 언제쯤…… 우리 앞에 온전한 모습을 드러낼까?"

답은 자명했다. 이미 십자가에 못 박힌 우주가 시공간의 종점에 이르고 시간이 종료되면, 최초의 엿새 동안 하나님이 창조하신 모든 것이 영원히 완전하게 사라지면, 그때는 이 여인이 그들 앞에 나타날 것이다. 새 창조인 이 여인이.

한 천사장이 나직하게 말했다. "그때, 스스로 있는 존재로만 이뤄진 새 창조 외에 모든 것이 사라지면…… 그때 혼인 잔치가 열릴 것이다!"

54

영광에 흠뻑 취해 아직 얼얼한 채로 천사들은 비틀거리며 일어섰다. 모두 하나님의 계시가 끝난 줄로만 알았다.

창조 세계를 찢어 그 틈으로 천사들에게 영원 이전의 광경을 드러내 보여 주신 부활하신 주님이, 바로 그 광경 속으로 다가가셨다. 그와 동시에 만유의 하나님의 환상—영원 이전의 그 환상 또한 이 목수를 향해 다가왔다!

끝없는 바다와 같은 하나님은 천사들이 들여다보던 그 뚫린 문가에 서 계셨다. 영원의 과거에 충만한 하나님의 충만이 시공간의 세계 안으로 쏟아질 듯 보였다. 주 예수는 문에 더욱 바싹 다가서더니…… 잠시 후 다시 손을 들었다. 이제

껏 단지 환상으로만 보았던 그 무한한 신성이, 두 시대를 갈라놓은 문을 깨고 터져 나와, 보이는 세계로, 시공간으로 쏟아져 들어오기 시작했다!

천사들의 숨이 넘어가는 소리가 일제히 들렸다.

하나님의 충만이 영원 전의 시대에서 흘러나와 하나님의 아들 안으로 쏟아져 들어갔다! 천사들은 하나같이 경외심이 들어 바닥에 엎드려야 한다고 느꼈지만 장님이 되더라도 이 놀라운 광경을 보지 않을 수 없었다.

주 예수의 몸이 빛나기 시작했다. 이쪽 세계에서 빛나는 그의 광채는 영원 전 시대의 하나님의 충만한 광채와 구별할 수 없을 때까지 점점 강렬해졌다. 무한한 하나님의 충만함이 사람의 몸 안에 들어갈 수 있을까? 천사들의 상상을 초월하는 물음이었다! 부활한 주님은 어쨌든 사람의 몸을 입고 있지 않은가.

무한한 하나님이 계속해서 세찬 기운을 일으키며 만왕의 주님 안으로 들어가면서 더욱 믿지 못할 일이 벌어졌다.

영원 전 하나님의 중심이 보이기 시작했다. 하나님의 충만의 중심이 나사렛 예수의 몸 안으로 쏟아지기 시작했다! 하나님의 일부가—영원의 기반이 세워지기 전에 그 안에 구별된 일부가—그리스도 예수를 향해 움직이기 시작했다. 그 신비가 나사렛 예수 안으로 들어가려는 순간이었다. 그 신비가 그의 몸의 비밀이 될 순간이었다! 주님은 다시 손을 드셨다. 그를 향해 흘러오던 하나님의 생명이 제자리에 멈췄다. 그는 놀라운 힘을 발휘해 문 안으로 손을 뻗어 아주 오래전부터 하나님 안에서 구별된 신성의 가장 첫 부분을 움켜잡았다! 그는 그 생명의 빛줄기를 뽑아내어 모든 천사가 볼 수 있도록 높이 들었다. 그의 손은 다이아몬드 빛처럼 반짝거렸다.

하나님의 충만이 하나님의 독생자의 품 안으로 다시 들어가기 시작했다. 모든 것이 그의 속으로 흘러들어 갔다. 하나님의 충만은 이제 그리스도 예수 안에 있었다. 창조의 기초가 세워지기 전부터 하나님 안에 구별되었던 것이 이제 그의 몸 안에 있었다. 그 여인은 이제 처음부터 그랬던 것처럼 그의 안에 있었다.

순간 천사들은 깨달았다. 그들은 이 환상을 보고 그리스도 예수 안에 처음부터 변함없이 감춰져 있던 보화가 무엇인지 알았다. 눈앞이 아찔할 정도로 하나님의 충만함에서 비취는 광채가—폭포수와 같은 생명의 빛이—나사렛 예수 안에서 흘러나왔다. 눈 뜨고 볼 수 없을 정도로 강렬하고 따가운 빛이었다. 영광에 눈이 멀어버린 천사들은 눈으로 볼 수 없는 것을 손으로 더듬으려는 듯 양팔을 뻗었다.

하나님 아들의 품 안으로 깊숙이 빨리 들어가면서 빛은 점점 잦아들었다. 천사들의 눈을 멀게 만든 영광이 마침내 쑥 들어가고 그들은 시력을 회복했다.

이 모든 영광의 주님이 그들 앞에 홀로 서 있었다. 그의 손 안에는 처음 구별된 신성의 일부가 휘황찬란하게 빛나고 있었다. 하늘의 모든 천사는 그 하나님의 일부가 말로 할 수 없이 특별한 목적을 위해 운명 지어져 있음을 알았다.

이 헤아릴 수 없는 환상을 통해 그들은 영원의 과거와 영원의 미래를 목격했다. 3일 전에는 모든 것이—그들의 원수인 공중 권세를 잡은 자를 포함하여 모든 것이—십자가에 못 박히는 것을 보았다. 이제 그들은 시공간으로 돌아갈 채비를 했다. 그러나 동시에, 그들의 하나님 곧 스스로 계신 그분은 그들처럼 한계에 매이지 않으시고 예전처럼 여전히 자유로우심을 분명히 깨달았다. 타락한 창조 세계와 그 안에 있는 모든 것의 소멸은 그분께는 이미 일어난 일이었다. 그들은 지금, 바로 그 순간에도 새 창조 안에 거하시며 더 높은 곳에서 만물을 지켜보시는 주님을 보고 있었다!

천사들은 모두 실망의 한숨을 내쉬었다. 그들은 이제 곧 실재가 좀처럼 드러나지 않는 낮은 세계로 돌아갈 것이었다. 시공간의 경계 속으로 돌아가고 있었다. 무덤의 윤곽이 점점 드러나기 시작했다. 환상이 시작될 무렵 어디론가 사라졌던 무덤이 다시 나타난 것이다. 예루살렘 주변의 언덕도 시야에 들어왔다. 동쪽 하늘에 떠오른 태양이 밝게 빛나고 있었다.

천사들은 영원을 거슬러 올라가는 오랜 여행을 마치고 돌아왔지만 동산의 시계는 몇 분 정도밖에 지나지 않았다. 천사들의 시선은 주님의 높이 든 손 안에서 밝게 타오르는 신성에 고정되어 있었다.

'왜 이런 일을 하신 걸까?' 드디어 신비의 마지막 베일이 막 벗겨질 참이었다.

55

"시간과 공간 안으로 돌아왔어. 그런데 우리가 본 그 여인 말야, 우리가 이 제한적인 창조 세계에 있는 지금도 그 여인은 주님 안에 있다는 것, 알겠어?"

"그래. 그리고 주님은—아담처럼—옆구리에 열린 상처까지 있으니 그곳에서 주님의…… 짝이…… 시공간으로 나올 수도 있겠어!"

"그게 가능할까?" 다른 천사가 끼어들었다. "우리가 있는 곳은 타락한 옛 창조이고 새로운 창조는 아직 시작되지 않았잖아."

"성급한 판단은 금물이야. 십자가와 무덤에서 일어난 일을 생각해 봐. 옛 창조는 이미 사라졌어! 주님께서 계신 곳에서 그분의 눈으로 보면 모든 것이 끝났다고."

"그럼. 주님의 방법에 대해 말할 땐 아무것도 단정하지 마." 옆에 있던 천사가 거들었다. "게다가, 내 눈이 잘못되지 않았다면, 그 여인은 새 창조라고!"

"자, 주목. 주님께서 다시 말씀하신다!"

가장 평범한 사람처럼 동산 중앙쯤에 있는 바위 위에 올라간 젊은 목수는 조용히 하라는 손짓을 보냈다. 밝게 빛나는 신성의 일부는 여전히 머리 위로 높이 든 그의 손 안에 있었다.

"오래전에 나는 다시 창조하지 않겠다고 선언했다. 그러나 나의 십자가 위에서, 내가 말한 옛 창조는⋯⋯ 지나갔다!

이제 나는 새 창조를 이룰 것이다! 그 새 창조를 나는 곳에서 시작하겠다. 나의 새 창조는 이 무덤 너머, 나의 부활과 함께한⋯⋯ 지금 시작될 것이다!"

놀라운 소식이었다. 원래의 의도에서 완전히 탈선해 버린 창조 세계를 매일 지켜보며 오랫동안 슬퍼해 온 천군 천사들에게 이 소식은, 사실 그날 이후로 그렇게 불린 그 이름 그대로 '기쁜 소식'—복음이었다.

"할렐루야"가 웅장하게 울려 퍼지면서 하늘이 진동했다.

"그러나 내가 이야기하는 새 창조를 광활한 우주나 행성의 궤도나 심지어 천상계 같은 것들로 오해하지는 말아라! 그것은 옛 것이다. 새로운 창조는 옛 것과 전혀 다르다. 내가 창조할 것은 물질이 아니요, 영도 아니다.

나는 아무것도 창조하지 않을 것이다."

천사들은 무슨 뜻인지 알았다. 그들은 주님의 말씀을 (이례적으로) 쉽게 이해할 수 있었다.

"나는 전혀 창조하지 않겠다. 나는 세울 것이다. 나의 새 창조를 이루는 부분들을 나 자신의 존재로부터 일궈 낼 것이다. 그리고 언젠가, 이 부분들을 모아 온전한 하나로 이뤄 내겠다. 새 창조는 창조할 수 없다. 오늘 내가 시작하는 새 창조는 창조되지 않은 것으로 이루어진다!"

"새 창조의 첫 열매는 나의 본질로 세워질 것이다! 나의 정수. 나의 존재. 나의 생명. 나의 첫 창조는 나를 가지고 세울 것이다! 내가 하와를 아담의 살로…… 아담의 뼈로…… 세웠듯이 나의 새 창조는 나의 영으로 지을 것이다. 바로 나의 존재로 새 창조를 세울 것이다."

천사들의 입에서 나온 경외의 탄성이 동심원을 그리며 넓게 퍼졌다. 마침내 신비의 베일이 벗겨졌다.

"나는 하와를 아담으로, 그의 뼈에서 뼈를, 그의 살에서 살을 취해 만들었다. 나의 짝 또한 나의 영에서 영을…… 나의 생명에서 생명을…… 취하여 지을 것이다.

이 여자는 내 존재의 여러 부분들로 이루어질 것이다. 내가 그녀를 형성해 내는 작업은 한 시간 안에 끝나지 않을 것이다. 하루 종일 할 것도 아니다. 그러나 오늘, 이 일을 시작하겠다."

"또 다른 신비로다." 천사들이 말했다.

"내가 오늘 무덤에서 일어난 것같이…… 그녀 역시 오늘, 동일한 무덤에서 일어날 것이다. 그녀는 내 안에 있었고 오늘 무덤에서…… 나와 함께 부활했다! 오늘, 열린 무덤 앞에서…… 오늘, 내가 부활한 날, 새로운 창조의 시작을 알리노라!

자, 이제 무덤을 보아라!

저 무덤에서 새 창조의 첫 열매가 나올 것이다. 오늘, 가장 위대한 일을 시작하노라. 오늘부터 창조, 아니 짓기 시작하겠다. 내 신부를! 너희가 곧 보게 될 것은 마지막 때가 이를 때까지 내가 계속해서 만들 그것의 일부에 지나지 않는다. 스러져 가는 옛 창조가 현존하는 가운데 내가 새 창조를 세우는 것은 나의 깊은 지혜를 증거하고 원수를 부끄럽게 하기 위함이다!"

천사의 무리는 혼란스러우면서도 가슴이 벅차올랐다.
"무덤을 보라!" 이렇게 외치는 주님의 손은 생명의 일부를 치켜들고 있었다.

주님의 명령에 고개를 돌리려던 천사들은, 무덤을 보기도 전에 깨달았다. 그들은 충격에 휩싸였다. 무엇인가—아니 누군가—무덤 안에 있었다.

56

　지진으로 크게 흔들렸던 땅이 차츰 진정되었다. 겁에 질린 소녀는 고개를 들었다. 사방이 뒤틀려 있었다. 심지어 그녀가 엎드렸던 곳도 땅이 갈라져 있었다. 무릎을 꿇고 주위에 흩어진 소중한 물건들을 챙겼다.

　자리에서 일어나 언덕으로 향하는 그녀의 마음에는 두려움과 의심과 불안이 단단히 자리를 잡았다. 그녀의 발걸음이 느려졌다. 기이하고 불길한 예감이 강하게 들었다. 그녀는 꼼짝도 하지 않고 동산 입구를 한동안 뚫어지게 쳐다보았다. 눈을 질끈 감고 문을 열었다. 무덤으로 천천히 다가갔다. 발걸음을 뗄 때마다 공포가 그녀를 짓눌렀다. 희미하게 동이 트는 아침 햇살에 의지해 이미 열려 있는 컴컴한 무덤 안을 유심히 살폈다.

"이럴 수가! 그들이 훔쳐갔어. 그들이 우리 주님의 시신을 훔쳐 갔어! 주님이 안 보여. 주님이 안 보여!"

소녀는 한동안 서서 공포에 떨었다. 그녀는 뒤돌아서서 달리기 시작했다. "베드로! 그에게 알려야만 해! 그를 찾아야 해. 어디 숨어 있는지 모르지만 그를 찾아야 해. 베드로라면 어떻게 해야 할지 알 거야."

그녀는 다른 제자들과 함께 숨어 있는 베드로를 찾아서, 정신없이 대강의 이야기를 전했다.

그들은 이 믿을 수 없는 일을 직접 확인하러 가고자 했다.

동산 입구에 다다르자 요한이 갑자기 달리기 시작했다. 베드로가 그의 뒤를 따랐다. 무덤에 도착한 요한은 그 자리에 멈췄다. 베드로는 그를 밀치고 무덤으로 들어갔다. 잠시 후 그가 비틀거리며 무덤에서 나왔다. 그는 밖에 있던 요한보다 사태 파악이 늦었다.

"베드로, 위험한 줄은 알지만 제발, 관리들을 찾아가 주게. 그들이 우리 주님의 시신을 어디로 치웠는지 알아내야만 해."

"내 목숨을 걸고서라도 알아내겠네." 베드로가 진지하게 대답했다.

세 사람은 무덤을 떠나 관리들을 찾아갔다. 그러나 몇 발자국도 떼기 전에 소녀는 몸을 돌렸다.

"아니에요. 나는 남겠어요. 요셉 어른이나 다른 하인들이— 아니면 동산지기가…… 그 누구든—다시 올지도 몰라요.

새로운 소식이 있으면 알려드릴게요. 혹시 새로운 소식이 생기면 꼭 사람을 보내 알려 주세요."

베드로가 고개를 끄덕였다. "좋을 대로 하렴. 하고 싶은 대로 해. 언제나 주님을 섬길 때 그랬던 것처럼."

소녀는 무덤으로 돌아갔다. 그녀는 입구에 무릎을 꿇고 가만히 무덤 안을 쳐다보았다.

그녀의 마음에 이상한 욕구가 생기기 시작했다. 무덤 안으로 들어가고 싶었다. 그녀는 조심스럽게 입구를 지나 무덤 안에 발을 디뎠다. 세마포, 머리를 쌌던 수건, 그분을 뉘었던 자리를 보았다. 억장이 무너졌다. 그녀는 털썩 주저앉아 울었다. 슬픔의 눈물, 마음이 깨지고 고통의 외침이 쏟아져 나왔다. 그녀는 목 놓아 울었다. 한참 울던 그녀는 평안히 잠들었다.

어찌나 깊이 잠들었는지 마치 죽은 사람처럼 보였다.

이 놀라운 소녀가 누구인가?

57

천사들은 전혀 이해할 수가 없었다.

누군가 무덤 안에 있었다. 부활한 주님이 나오신 그 무덤에는 이제 아무것도 없고, 모든 것이 제거되었는데, 무언가 아니 누군가, 십자가의 파괴력을 깨고 나온 것일까?

아니, 불가능한 일이었다. 그렇지만 그 무덤 안에는 누군가 있었다! 그것이 누구든지 간에, 한 가지는 확실했다. 그가 살아 나올 가능성은 없었다!

주님이 말했다.

"구원의 첫 열매를 너희에게 보여 주겠다. 새로운 창조의 시작을 보여 주겠다. 너희들에게……" 그의 목소리가 떨렸다.

"……내 짝의 첫 번째 부분을 보여 주겠다."

"훗날, 내 몸의 마지막 부분이—세상의 기초를 놓기 전부터 구별되고 운명 지어진—내 존재의 그 마지막 부분이 구원받을 최후의 사람에게 이식되면…… 그제야 모든 것이 하나가 될 것이다. 시간을 초월해, 옛 창조가 종결되면…… 하나가 될 것이다. 그러면…… 아, 그러면!"

그러나 무덤 안에 있는 것은 누구일까? 모든 천사의 마음속에서 불타는 한 가지 질문이었다. 그의 많은 부분으로 지어진…… 신부? 아니, 신부의 일부? '새로운 창조'라는 게 도대체 무엇일까? 하나님의 존재로만 지어진 창조? 천사들이 이해했을까?

모든 것이 불가능해 보였다. 특히 타락한 인류의 극단적이고 끔찍한 조건을 따져 본다면 있을 수 없는 일이었다. 그러나 그들은 현재의 창조가 소멸되는 것을 목격했다. 그 자리에 대신 올 수 있는 것이 무엇일까?

그들은 궁금증이 곧 풀리겠다고 생각했다. 무덤 안에 있는 것이 누구건 간에…… 막 움직였기 때문이었다!

소녀였다. 어린 소녀였다. 그녀는 과거에 지독한 죄를 지었던—가장 지독한 죄인이었다. 무덤 안에서 깨진 문 밖으로 그녀가 나왔다. 보이지 않는 미래를 처음으로 알린 무덤에서 그녀가 나왔다.

　주님은 손에 든 본체의 일부를 모든 천사가 볼 수 있도록 더 높이 들었다. 그의 손이 움직이기 시작했다. 그는 빛나는 본체의 일부를 상처 난 옆구리에 넣었다. 천사들은 최면에 걸린 듯 서서 그 광경을 지켜보았다.

　그의 옆구리는 빛나는 영광으로 화려하게 반짝거렸다.

　소녀는 거의 무덤 입구까지 다다랐다. 그 눈동자는 눈물에 젖었고 아침 햇살이 그녀의 얼굴에 가득했다.

"동산지기님?"

　천사들은 기대에 부풀어 숨죽이며 지켜보았다.

58

"동산지기님?" 그녀가 다시 물었다. 그녀는 겉옷으로 눈물을 닦고 밝게 비취는 아침 햇살에 눈을 뜨려고 애썼다.

"우리 주님의 시신을 어디에 치우셨어요? 제발 말씀해 주세요. 제가 가져가겠습니다."

그녀는 이제 무덤 입구까지 나왔다. 그때 모든 천사가 알았다. 이 소녀는 부활과 미래의 상징이었다. 주님의 말씀을 제대로 이해했다면 누구든지 주님의 부활에서 나온 사람은 다음 창조에 속하고 옛 창조와 상관없는 사람이라는 사실을 알았다. 한 발자국만 더 내딛으면 죄인이었던 그녀가 무덤에서 나올 수 있었다.

주님이 손을 올렸다. 천사들은 무슨 일이 일어날지 예상했다. 시간이 다시 멈출 것이라고 생각했다. 그러나 시간은 멈추지 않았다. 다만 이번에는 시간이 느려졌다.

주님은 천사들에게 소녀를 보라고 손짓했다. 천사들은 숨이 멎었다. 주님의 도움으로 그녀의 마음속이 들여다 보였다.

그녀의 마음 깊숙한 곳에 과거 아담의 중심과 영광이었던 그것이 여전히 잿빛을 띠고 있었다. 소녀의 마음 안에 사람의 영혼이 누운 채로 죽어 있는 것이 보였다. 아담의 타락 이후 죽어 버린…… 원래 처음부터 속해 있었던…… 보이지 않는 영의 세계에서는 더 이상 기능할 수 없는…… 사람의 영혼.

순간, 천사들은 깨달았다! 죽음을 이긴 주님이 서 계시다. 만일 그분이 죽음을 이기고 부활했다면 그분은 곧, 죽은 자를 부활시키는 능력이시다. 그분이 부활이시다. 그분은 죽은 것에 생명을 주실 수 있는 분, 인간 영혼조차도 부활시켜—다시 살게 하실 수 있는 분이시다! 죽은 지 수천 년이 지났는데, 사람의 영혼이…… 되살아날 수 있을까? 다시? 그날 아침 그들은 처음으로, 주님이 하겠다고 말씀하신 그 모든 놀라운 일들을 하실 수 있음을, 글자 그대로 믿었다!

"하와는 아담 안에 있었어." 한 천사장이 부드러운 음성으로 모두의 생각을 대변하듯 말했다.

주님은 조용히 손을 내려 상처 난 옆구리로 가져가셨다. 자신의 안에 있는…… 자기에게 속한…… 무언가를 꺼내기 위해. 그 '신비'의 한 부분, 하나님 안에 있는 그 여인의 일부가 시공간 안에 놓여 나는 것이다. 하나님의 일부가 이제 곧…….

눈앞에 벌어지는 일을 보고 숨을 죽이던 천사장이 다시 말했다.

"아담의 옆구리에서 하와가 나왔지."

주님은 옆구리 안으로 손을 집어넣어 불타듯 빛나는 하나님의 생명을 꺼내셨다. 자기 생명의 일부를 소녀 쪽으로 밀어 보냈다. 신비하게도 빛과 생명은 그치지 않고 그의 가슴에서 계속 흘러나왔다.

밝게 빛나는 생명의 덩어리가 천천히 소녀에게 가까이 다가가자 그 눈부신 광채를 받아 소녀 또한 반짝였다. 생명의 빛이 그녀의 마음에 비취자마자—오랫동안 죽어 있었던—사람의 영혼에 불이 붙어 빛나는 생명으로 타오르기 시작했다.

사람의 영혼이 죽음에서 부활했다!

천사들은 기쁨의 환호성을 내질렀으나…… 놀라운 광경

에 곧 잠잠해졌다.

천사장이 다시 말했다.

"하와는 아담의 뼈 중의 뼈였다. 이 소녀는 우리 주님의 영 중의 영이 될 것이다."

그들은 아직도 제 눈을 믿을 수 없었다.

하나님의 영으로 되살아난 사람의 영혼이 흐물흐물해지더니…… 주님의 영의 일부로 녹아들었다. 그렇게 하나가 된 '영'은—그 '생명'은—소녀 안으로 들어갔다!

"그분의 본체." 천사들의 감탄이 계속 이어졌다. 부활한 소녀의 영혼과, 그분 안에서 나온 주님의 영이…… 하나가 되었다.

천사들은 두 영이 하나가 되는, 모든 상상력의 한계를 초월하는 은혜를 지켜보았다.

"하와는 아담에게 연합하여 둘이…… 한 몸이 되었다."

주님의 생명의 영이 어린 소녀의 안에 들어갔다! 소녀 내면의 전 존재가 하나님의 영광의 빛으로 온통 이글거렸다. 하나님의 생명이 그녀의 안에 있었고, 그녀와 하나가 되었다! 천사들은 다시 눈을 가릴 수밖에 없었다. 그들 영혼의 마음에도 눈에 보이는 것만큼 영광으로 가득했다. 그녀는 땅의 기초가 세워지기 전부터 주님 안에 있었다. 그리고 지금은 주님이 그녀의 안에 있었다.

둘은 한 영혼을 공유했다.

부활하신 주님이 내주하시는 그리스도가 되셨다!

한 번 더, 이 소녀가 누구인가?

59

"말할 수 없는 영광이다." 가브리엘은 혼자 이렇게 중얼거렸다.

"사람의 영이 다시 살아나다니. 정말 놀라운 영광이다! 혼이 구원되고, 영으로 변화되었구나. 정말 놀라운 영광이다!"

그러나 그의 눈은 슬픔으로 흐려졌다.

"그러나 그의 몸은…… 여전히 타락한 상태다. 여전히 지독한 타락에서 벗어나지 못했어. 불쌍하고 비극적인 타락한—구원받은—사람의 몸. 저 몸에는 영광의 소망이 없는 걸까?"

갑자기 무언가 가브리엘의 눈을 사로잡았다. 소녀의 안에

심겨진 무언가.

이제 막 소녀에게 들어간 불타는 생명 안에 가늠할 수 없을 정도로 작은 무엇인가가 있었다. 씨앗! 가브리엘이 본 것은 씨앗이었다. 아니! 단순한 씨앗이 아니었다. 작은 씨앗의 내부가 보였다! 씨앗 안에…… 나오기만을 기다리는 것은…… 변화된 몸이었다. 부활한 주님의 몸과 크게 다르지 않은 몸. 육체이기도 하고 영체에기도 한 몸이 가늠할 수 없이 작은 씨앗에 싸여…… 하나님의 생명 안에…… 소녀 안에 있었다.

가브리엘은 직감적으로 깨달았다. 그 몸이 담긴 씨앗이 소녀의 품안에서 감춰지고—잊히리라는…… 언제…… 언제까지일까?

"그때가 되면," 가브리엘은 조용히 혼자 중얼거렸다. "하나님의 나팔을 들고…… 우렁찬 나팔소리로 그 씨앗을 부를 그때, 마지막 때에 영체가 씨앗을 뚫고 나오면…… 지금의 몸은 터져서 사라지겠지…… 그러면 유한한 사람의 몸이 불멸의 옷을 입게 될 것이다.

그래, 육체도 영광의 소망이 있어!"

그는 자기 생각에 압도되어 몸을 주체할 수 없었다.

다른 천사들은 가브리엘이 갑자기 미친 천사처럼 땅이 무너질 정도로 큰 소리를 지르자 놀란 토끼눈을 하고 그를 쳐다보았다.

"보라, 완전한 구원을!

보라, 새로운 창조를!"

모든 시선이 소녀에게 집중되었다.

무덤 입구에 선 소녀는 창조 이래 볼 수 없었던 빛에 싸여 있었다. 하나님의 순결함이 살아 있는 불꽃이 되어 그 안에서 흘러나왔다.

그녀의 영혼은 살아 있었다. 하나님의 생명이 그 안에 있었다. 그녀의 영은 주님의 영과 하나가 되었다. 그 안에서 혼은 눈과 같이 하얗게 씻겨 지금은, 그녀의 영혼이 뿜어내는 거룩한 생명의 영에 의해 변화되었다.

"보라!" 가브리엘은 우레와 같은 목소리로 외쳤다. "사람이 신의 생명에 참예했다."

"보라," 그는 그만이 외칠 수 있는 음성으로 다시 외쳤다.

"너희 앞에 서 있는 사람은 이전에는 결코 없었던 존재다. 새로운 존재, 새 창조다!

새 창조를 보라. 주님 존재의 존재, 주님 본질의 본질, 주님 생명의 생명.

그리스도 예수 안에 있는 새로운 피조물이다!"

천사들 사이에서 순수하고 아름다운 소동이 일어날 기세였지만, 무덤 밖으로 나온 아름다운 여인이—모든 빛을 어둡게 만드는 그 여인이 입을 여는 것을 보고 곧 잠잠해졌다.

이제 곧 주님이 다시 손을 들면 느려진 시간이 정상의 속도로 빨라지고 육체의 눈으로만 볼 수 있는 공간으로 돌아가게 된다. 그러나 이때 숨이 멎을 듯이 아름다운 여인이 하나님의 빛과 순결함과 의로움과 거룩함으로 옷을 입고 무덤에서 나왔다.

주님이 무엇을 보았을까?

소녀였다. 신부였다! 젊고 흠 없는, 하나님의 신성으로 창조된, 아니 세워진 신부였다. 주님의 눈에 신부는 완벽했다. 그리고 그분이 보기에, 그분의 모든 적수는—신부의 모든 적들과 구혼자들은—더 이상 존재하지 않았다.

빛과 같은 일순간, 그분은 자신의 눈을 통해, 살아 있는 단 두 존재를 보셨다. 그의 눈을 통해 본 신부는 영원이 끝난 어느 곳에서 완벽하고 온전한 모습으로 서 있었다. 하나님의 거룩한 사랑이 신랑과 신부의 심장에서 열정적으로 고동치고 있었다. 승리한 주님과 그의 짝! 어린양의 보혈로 깨끗이 씻긴 영광스런 신부는 흠과 주름이 없었다.

그의 눈을 통해 본 소녀는 그와 같이 죽음과 모든 불완전함의 손아귀에서 벗어나 무덤에서 부활했다. 소녀는…… 부활하여 무덤을 이겼다. 죽음은 소녀의 발아래 짓밟혔다.

그의 눈으로 본 것이 중요했다. 다른 눈으로 본 것은 가치가 없었다.

이 놀라운 소녀가 누구인가? 아직도 모르겠는가?

바로 **당신**이다!

60

"라부니! 아, 사랑하는 선생님!"

소녀는 거침없이 그를 향해 달려갔다. 그리고 온힘을 다해 그를 붙들었다.

지금까지 소녀는 마음과 뜻과 정성을 다해 그를 사랑했다. 사람의 본성으로 그를 사랑했다. 그러나 이제, 처음으로, 소녀는—열정적으로—심령을 다해 그를 사랑했다! 영광의 주님은 처음으로, 자기 안에서만 보았던 하나님의 사랑에서 나온 신성한 욕구인 사랑을 타인에게 받았다.

누가 보아도 알 수 있을 정도로 소녀는 주님을 결코 보내지 않을 요량으로 그를 단단히 붙잡았다.

그의 얼굴에 따뜻한 웃음이 번졌다. "소녀야, 이 손을 놓거라. 나는 아버지께…… 올라가야만 한다."
"이제 가거라. 내 형제들에게 가서 알려라—"

나는 나의 아버지께
곧 너희 아버지께
나의 하나님,
곧 너희 하나님께 올라간다.

"하지만 제가 떠나고…… 주님이 올라가시면, 다시는 주님을 만나지 못할 것 아닙니까."
"소녀야, 소녀야. 확실히 알아 두어라. 이제부터…… 영원히, 나는 결코 너를 떠나지 않을 것이며 떠날 수도 없다."
심장이 기쁨으로 터질 것 같은 소녀는 눈물을 글썽이며 땅에 엎드려 그의 발에 입을 맞추었다.
잠시 후 주님만 사랑하고 경배한 소녀는 제자들이 믿지 않을 줄 알면서도 그들에게 소식을 전하려고 동산을 떠났다.
그녀가 떠나는 모습을 지켜본 천사는 서로 속삭였다.
"그녀가 주님의 짝이 아니지, 그렇지?"
"그럴 리가." 모두 확신을 가지고 대답했다.

"하지만, 맞을 수도 있어!" 확신에 찬 한 천사가 대답했다. "그녀는 주님의 신부의—첫 번째—일부야."

"이제 주님의 신부가 모두 구원받은 사람으로 이뤄진다는 것이 분명하잖아."

"그게 어떻게 가능할까?"

"그야 나도 모르지. 하지만 지난 3일 동안 일어난 일을 보고도 가능하지 않다고 말할 자신 있어?"

"그거 알아?" 한 천사가 흥분해서 외쳤다.

"뭘?"

"확실해. 우리가 봤던 환상 생각나지? 기억해 봐. 짧은 순간이었지만 주님께서 허락하셔서 영원의 과거를 통해(아니, 영원의 미래였던가?) 그분의 완전한 신부를 보았잖아. 신부의 아름다움은 이루 말할 수가 없었어. 그래도 모르겠어? 그 소녀가…… 무덤에서 나올 때…… 그 모습이…… 소녀의 모습이 그리스도의 신부의 모습 속에 있었어. 확실해."

"그건 소녀가 신부의 일부이기 때문이야." 다른 천사가 거들었다.

"정말 굉장해!" 한 천사가 거의 믿지 못하겠다는 표정으로 고개를 흔들며 말했다.

한 천사가 경외심이 가득한 표정으로 나직이 말했다. "그래도 모르겠어? 생각해 봐. 주님의 신부는 결코 옛 창조를 본 적이 없어. 그는 타락한 우주와 십자가와 옛 창조가 모두 끝난 시대에 태어날 존재야. 본 적도, 경험한 적도, 알 리도 없다고! 옛 창조에서 구원받은, 그러나 옛 창조를 모르는 존재야."

"내 머리로는 이해할 수 없어. 우리 머리로는 이해할 수가 없다고."

주님이 천사들을 향해 말씀하셨다.

"너희는…… 저 소녀가…… 완벽하고…… 내 생명으로 충만하게 빛나는 것과…… 모든 창조 세계가 십자가 위에서 멸망하는 것을 보았다. 이것이 내가 항상 보고 있는 것이다. 그때가 되기 전에 육체의 눈은 이것을 볼 수 없다. 그들이 볼 필요가 없다. 너희가 본 것은 시간이나 영원에 구속받는 것이 아니다. 그들은 이것을 볼 필요도, 경험할 필요도, 심지어 믿을 필요도 없다.

이것은 지금 실존하는 것이다. 이미 존재하고 있고 누구도 바꿀 수 없다. 이것은 나만 보고 나만 아는 것이다. 나는 처음이고 마지막이다. 오직 이것만이 중요하고…… 이것만이 진정한 실재다.

진실한 실재가 무엇인지 나는 안다.

하지만 훗날, 그녀도 보게 될 것이다. 내가 그녀를 보듯 그녀도…… 자신의 참모습을 보게 될 것이다. 보지 않고 믿는 자가 복되다!"

주님은 잠시 말을 멈추고 주위를 살펴보더니 조용히 혼자 말했다. "보이지 않는 세계는 나의 부활을 틀림없이 목격했다. 그러나 이 땅의 저녁이 되기 전에 다시 돌아와야 한다. 내가 필요한 열한 명의 제자들이 있으니."

"이제," 유쾌한 목소리로 주님이 말씀하셨다. "이제, 영원한 나의 친구들아…… 보좌로 돌아가자!"

천사들은 순식간에 하늘로 올라갔다. 각자 자기 처소를 향해……. 거대한 천사들의 행렬이 하늘까지 닿은 통로를 만들었다.

"보좌로 가자!" 그들이 외쳤다.

지구에 있을 때처럼 자연스럽게, 눈에 보이는 몸을 입은 채, 주님은 허공을 딛고 천사들의 통로 중앙으로 자연스럽게 승천하여…… 보이지 않는 영의 세계로 들어가셨다.

그분은 영의 세계에 들어가면서도 육체의 흔적을 버리지 않으셨다. 눈에 보이는 사람이 보이지 않는 세계에 발을 들여놓는 순간이었다.

영광스런 사람!

그분은 한 손을 높이 들고 다시 외쳤다.

보좌로 가자!

겸손한 목수가 두 세계를 잇는 하늘문을 통과하는 모습을 천사들이 지켜보는 가운데 처음으로 천국에 사람이 발을 내딛었다. 자신의 정당한 자리를 찾아가는 주님을 보고 천사들은 화답하지 않을 수 없었다.

보좌로—
영원히 사시는 분
승리하신 분
하나님의 어린양
나사렛 목수
사람의 아들
하나님의 아들
만 주의 주님
만 왕의 왕!

보좌로! 보좌로!

에필로그

61

저녁이었다. 젊은 여자는 높은 언덕에 올라 별이 가득한 밤하늘을 보았다. 주님을 오랫동안 예배하고 사랑해 온 그녀의 가슴은 주님을 사랑하는 마음으로 충만했다.

그녀는 궁금했다. 지금쯤 주님이, 시간을 얼마나 많이 멈추고 영원을 가로질러 시원으로 돌아가서, 자신만의 신비한 방법으로 자기 본체 중심에서…… 그 자신의 생명을…… 떼어내어 그분을 믿기 시작한 자의 가슴에 넣어줬을까?

얼마나 많은 남자와 여자의 가슴속에 있는 영혼들이 죽음을 이기고 일어나 생명의 불을 붙였을까? 얼마나 많은 혼들이 변화되었을까? 하나님의 일부가 마지막 성도에게 이식

되려면 세월이 얼마나 지나야 할까? 혹시 내일이 그날일까?

구원받은 수많은 성도들이 시공간을 벗어난 후, 십자가에서 모든 피조물이 죽었고 사람들이 온전히 의롭게 되었다는 사실을 알게 되는 것이 언제일까? 주님의 눈으로 모든 것을 보게 될 날이 언제일가? 신부의 역사가 만물이 사라진 뒤에 시작된다는 사실을 언제 알게 될까?

"우리를 아시듯…… 우리도 알게 되는 것이 언제일까?" 젊은 여인은 사색하듯 나직이 속삭였다. 그녀의 얼굴에는, 그녀의 하나님이 그러하시듯, 세월의 흔적이 보이지 않았다. "아, 하지만 이것은 영원에 속한 일이고 나는 시간에 매인 몸이구나!" 이 여인은 언제, 한시적인 속박에서 자유를 얻어 이러한 것들을 알게 될까?

"언제…… 사람의 몸이 불멸의 몸을 입게 될까? 언제…… 육체의 모든 한계가 사라질까? 언제…… 주님이 항상 날 아시듯이…… 나도 주님을 알게 될까? 언제…… 내 영이 주님의 영께 돌아갈까? 언제…… 신랑의 날이 올까? 언제…… 신부의 날이 올까?

언제 시간과 영원이 교차하여…… 언제 때가 차게 될까? 언제 신부가 준비 될까?

저기 하늘을 바라보며…… 수천수만도 넘는…… 천사들

을 보게 될 날이 언제일까? 수많은 천사들이 내려오는 날! 지구야, 너의 마지막 때가 언제며…… 내가…… 우리가…… 주님의 권능의 손에 들릴 날이 언제냐? 눈 깜짝할 사이에 주님처럼 변하겠지! 육체의 베일이 찢기고! 그때에는 보이지 않는 세계를 보게 되겠지. 그때에는 듣고 알게 된 모든 것을 보고 알게 되겠지."

"혼인 잔치는 언제 열릴까?" 별들에게 던지는 질문이었다.

"약혼녀는 언제 신부가 되고 신부는 언제 아내가 될까?

과거와 현재와 미래가 하나가 되어 사라져버리겠지! 그럼 신부의 일부인 나는 새로운 존재가 되어 온 힘과 정성을 다해 주님을 사랑할 거야!

어떻게…… 그렇게 될까?"

그녀는 다시 한 번 눈을 들어 밤하늘을, 이쪽 끝에서 저쪽 끝까지 바라보았다.

멀고 먼 미래가 그녀의 마음의 눈에 가득 들어왔다. 저 밀리서…… 영원의 마지막 때가 보이기 시작했다. 무언가…… 보이기 시작했다.

62

저 멀리서 등장한 이 광경은 무엇일까? 멀고 먼 과거, 하나님만이 전부였던 그 시절일까?

아니다. 비슷하긴 하지만.

그렇다면 우리가 지금 보고 있는 것은 무엇일까?

새 하늘의 문이 열린다. 그곳에서 커다란 빛줄기가 떨어지기 시작한다. 이 빛은, 도시다! 새 예루살렘 도성이다. 수백만 개의 빛나는 돌로 지어진 도시다. 돌 하나하나마다 중심에서 영광의 빛이 흘러나온다. 중심은 주님, 그리스도 예수시다!

도시는 하강을 시작한다. 내려오면서 또한 변하기 시작한다. 살아 있는 빛으로 이뤄진 별무리가 소용돌이치며 내려온다. 별무리는 서서히 수많은 사람으로 변한다. 아무라도 능히 셀 수 없는, 구름과 같이 허다한 구원받은 성도들이다.

그들은 하나가 되어 환희의 찬송을 구세주께 올린다. 그들을 둘러싼 천군 천사들도 하나가 되어 깊고 깊은 감사와 난생 처음 들어보는 기쁨의 찬양을 원 없이 드린다.

천사들은 주님의 주위를 계속 돌고 새 하늘과 새 땅은 구원받은 성도들과 선택된 천사들의 찬양 소리로 진동한다.

눈앞의 광경이 다시 바뀌기 시작한다.

천사들 아래, 주님 앞에 모인 수많은 성도들이 커다란 빛줄기로 변한다. 빛은 점점 밝아지고 하나가 된다. 그 중심에서 한 형체가 나타난다.

천사들은 거룩한 기쁨에 싸여 환호한다. 오래전 주님이 부활하시던 날…… 영광스런 그 순간 잠시 보았던 그 형체였다.

어린양의 신부가 그들 앞에 나타난다.

그녀의 모습이 분명하게 드러난다. 그녀의 빛과 영광의 광채에 가리지 않는 것은 하나님의 보좌밖에 없다. 그녀는 순결함과 거룩함으로 옷 입고 그들 앞에 나타난다.

천사들은 한 번도 표현한 적이 없는 예의를 갖춰 절한다.

그녀는 상징이 아니라 실재다. 모든 여자의 사랑스러움이 아름다운 한 사람, 그녀에게 모두 나타났다.

그녀에게서 풍겨 나오는 순결함은 거룩한 천사들의 마음마저 설레게 만든다. 그녀의 눈동자에는 타락한 옛 창조의 비극이 조금도 보이지 않는다. 그녀는 완벽한 젊음의 힘이 넘친다. 칠흑같이 검은 머릿결, 빛나는 자태는 주님에게 온전히 헌신한 사랑과 열정을 완벽하게 말해 준다. 그 위엄과 권위와 지고한 아름다움은 하나님의 얼굴에 버금갈 정도다.

거룩하고 영광스런 신부의 등장에 잠시 모든 것은 사라진 듯하다. 그러나 그 순간, 멀찍이서 더 큰 영광이 나타난다.

다름 아닌 왕이다!

신부는 믿을 수 없이 환하게 빛을 발하기 시작한다. 주님의 영광의 광채는 모든 것을 불태울 기세로 타오른다. 무한한 영광의 바다 가운데…… 함성이 들린다!

영원무궁토록!
더 이상
혼자가 아니리.

신랑과 신부는 기쁨에 겨워 뛰노는 아이들처럼 서로를 향해 달려가 거룩한 사랑의 포옹을 나눈다. 모든 것이 사라지고, 부부의 영광의 빛은 하나로 녹아들기 시작한다.

오래전 주님은 무한한 자유를 포기하고 스스로 몸을 낮춰 좁은 영원 속으로 들어왔다. 이제 주님은 신부와 함께 무한한 참모습으로 돌아간다.

그렇다면 그는—다시—홀로 만유이신 분이 되는 걸까?

아니다. 오히려 우주의 기초를 놓기 전부터 계획하신 대로 되는 것이다. 그분은

만유 안에 만유가 되신다.

63

멀리 보이던 환상이 점차 희미해지더니 완전히 사라졌다.
에메랄드처럼 빛나는 언덕의 정상에서 젊은 여인은 그 자신 안에 소용돌이치는 주님의 사랑을 깊이 느끼며 천천히 일어섰다. 그녀의 안에 살아 계신 성령의 우렁찬 외침을 들었기 때문이다.
"오라!"
그의 선조 하와가 그랬던 것처럼, 여인은 하늘을 향해 손을 뻗고…… 그의 짝이 하늘에서 듣고 있음을 확신하며…… 목청껏 외쳤다.

오세요, 주 예수님. 어서 오세요!

저 하늘문 너머, 영광의 세계에서 그녀를 사랑해 그녀를 위해 목숨을 버리신 주님이…… 그녀의 간절한 소망을 듣고 계셨다.

"드디어 그녀가, 지식이나 예배나 희생 따위 중요하지 않은 것들을 버리고, 우주의 가장 높은 질서를 회복하는구나.

그가 나를 사랑하기를 배우고 있구나." 주님이 속삭이신다.

머지않아,
그래, 이제 곧……
금방……

가브리엘!

작별 인사

시간이 많이 늦었습니다. 이제 작별할 시간이군요. 오늘 본 것을 영원히 기억하리라고 믿습니다. 그리고—어쩌면—그것이 당신을 바꿔 놓을지도 모르지요!

내가 알기로는 배우들이 다음 공연을 준비하고 있습니다. 기억하고 있겠지만 첫 번째 공연은 드라마였습니다. 그리고 이번에는 사랑 이야기였지요. 다음 공연은—귀동냥으로 들은 바에 따르면—모험 이야기가 될 것 같군요. 보이지 않는 세계로 떠나는 모험 말입니다.

주님께서 허락하시면, 다시 또 만나기를 간절히 바랍니다.

지은이

진 에드워드

저자는 사랑받는 이야기꾼으로 수많은 책을 썼으며 국내에서도 이미 여러 권이 소개되었다. 이스트텍사스 대학교에서 영문학과 역사를 공부했고 사우스웨스턴 침례신학교에서 신학을 공부한 그는 오랫동안 목사와 전도자로 활동하면서 많은 곳에서 세미나를 열고 그리스도인의 심원한 삶을 가르치고 있다. 그는 아내 헬렌과 함께 플로리다에서 살고 있다.

옮긴이

최요한

면허증이 없어서 차도로는 못 다니는 천생 "뚜벅이" 인도주의자. 길을 걷고 생각을 긷고 말을 걸고 글을 옮긴다.
태국 어썸션대학교를 졸업했고 연세대학교 대학원에서 영어학을 공부했다.
옮긴 책으로는 《하나님의 밀수꾼》, 《하나님의 부르심》, 《빛의 전사》, 《영성의 시작》, 《되찾은 영성》, 《벽장에 갇힌 하나님》(이상 죠이선교회), 《인디오의 친구 브루츠코》(복있는 사람), 《질문 리더십》(흐름출판), 《작은 교회》(스텝스톤), 《땅밟기 기도》(예수전도단), 《신의 미래》(도마의길) 등이 있다.

신의 열애

초판 발행	2006년 5월 26일
2판 5쇄	2023년 4월 20일
지은이	진 에드워드
옮긴이	최요한
발행인	손창남
발행처	죠이선교회(등록 1980. 3. 8. 제5-75호)
주소	02576 서울시 동대문구 왕산로19바길 33
전화	(02) 925-0451 (대표 전화)
	(02) 929-3655 (영업팀)
팩스	(02) 923-3016
인쇄소	송현문화
판권소유	ⓒ(주)죠이북스
ISBN	979-11-982545-7-3 03230

책값은 뒤표지에 있습니다.
잘못된 도서는 교환하여 드립니다.
이 책 내용을 허락 없이 옮겨 사용할 수 없습니다.